CB127022

Carol Bitar

SOCORRO, TENHO FILHOS

Preparo de originais: Gabrielle Antunes
Revisão: Lilian Ferraz
Diagramação: Luisa Bruno
Capa: Gabriel Pinheiro Ferreira da Silva

Catalogação na publicação
Elaborada por Bibliotecária Janaina Ramos – CRB-8/9166

B624s

Bitar, Carol

Socorro, tenho filhos / Carol Bitar. – Rio de Janeiro: Ases da Literatura, 2023.

133 p., il.; 14x21 cm

ISBN 978-65-84870-06-2

1. Mães - Psicologia. 2. Maternidade. I. Bitar, Carol. II. Título.

CDD 306.8743

Índice para catálogo sistemático

I. Mães - Psicologia: Maternidade

www.asesdaliteratura.pt

Carol Bitar

SOCORRO, TENHO FILHOS

ASES DA LITERATURA

SUMÁRIO

SUMÁRIO

DEDICATÓRIA

Dedico este livro ao amor da minha vida e mola propulsora de todo este trabalho, meu filho Benício.

AGRADECIMENTOS

Quero agradecer à minha querida mãe, Luiza, por ser sempre o porto seguro quando preciso e me inspirar todos os dias a me tornar uma mãe e filha melhor a cada dia.

Ao meu querido pai, Luiz, por todo suporte, incentivo e cuidado diário que tem por mim, meus irmãos e netos.

À minha irmã, Natália, sempre generosa e atenciosa em todos os momentos, com quem eu sei que posso contar nos momentos mais difíceis.

Ao meu irmão, Joel, que é a calmaria em pessoa, que mesmo em minhas turbulências está sempre pronto e disposto a ajudar, resolver tudo que for necessário.

Ao meu filho amado que é meu coração fora do peito. Obrigada por fazer minha vida feliz e cheia de significado.

Amo vocês.

Por fim, quero agradecer também a toda equipe da Editora Ases da Literatura, em especial à Karol Barreto, pela sensibilidade, competência e dedicação para que fosse possível a materialização deste sonho, a fim de alcançar mais famílias, mas agora através de um livro.

PREFÁCIO

"Ah, porque quando eu for mãe eu vou colocar de castigo e bater quando for preciso. Apanhei e sobrevivi. Ninguém vai morrer por isto!"

"Onde já se viu? As crianças não têm limites! Olha só este escândalo aqui no shopping! Ah, quando for o meu..."

Algum de vocês já ouviu frases como essas ou até já proferiu alguma delas? E quantos de vocês, assim como eu, passaram pelo famoso "paguei a língua"?

Eu era uma destas pessoas cheias de soberba e autoritarismo, que achava que a criação dita como tradicional era aquela que eu aplicaria quando tivesse meus filhos, afinal: eu sobrevivi e sou uma pessoa de bem, né? Então era óbvio que daria muito certo. Só que não!

Tudo começou quando minha filha, Valentina, que hoje tem 7 anos, nasceu. Eu que, até então, por tudo o que via e ouvia, achava que ia "baixar o santo (ou santa) da maternidade" e eu faria tudo o que seria necessário, vi-me em uma montanha russa de emoções do puerpério e fui me enchendo de indagações que jamais imaginei.

Os meses foram passando, Valentina foi crescendo e demandando de uma forma diferente daquela relativa "apenas" ao banho, amamentação e sono. Ela começou a demandar como alguém que queria ser independente de mim, cheia de vontades, personalidade e um temperamento colérico que, meu Deus, não era fácil lidar e eu nem entendia o que era isso.

Mas, algo dentro de mim começou a sobressair de modo que o "meu eu" gritava por uma educação respeitosa sem eu nunca ter ouvido falar sobre isso. Algo me dizia que bater na mão da minha filha para ela não mexer em algo, gritar e falar brava para ela aprender o que podia ou não, e até colocá-la de castigo quando desobedecesse, não estava certo. Hoje eu acredito que foi aí que a Dayana mãe foi se encontrando, ainda sem perceber, com a Dayana filha.

Eu não duvido que muitos pais, mães e cuidadores passam por essa mesma fase que eu passei, mas a educação que conhecem não lhes dá muita alternativa, a vida vai passando, a correria do dia a dia também e, no fim, apenas repetem um padrão. Talvez aquele padrão dos sobreviventes como eu e muitos de vocês que, na verdade, hoje terminaram como, sim, pessoas de bem, mas que lotam (ou deveriam lotar) as salas de terapia. Somos adultos capazes, que trabalham, levamos nossa vida da melhor forma que podemos como seres humanos, mas há algo errado, sabe? Algo lá dentro nunca esteve bem, foi mal resolvido e isto reflete em diversas áreas da nossa vida, diariamente.

Mas Deus seja louvado, também pela ascensão da internet, o acesso a estudos ainda mais especializados começou a chegar com mais facilidade às pessoas. Começamos a acompanhar diversos conteúdos e poder nos confrontar com a nossa realidade em muitas áreas da nossa vida. Foi aí que eu conheci o conteúdo da psicóloga Caroline Bitar, o Instagram *@filhosinteligentes*, que veio como o sentido que aquele "eu" que mencionei no início tanto buscava, mas nem sabia se encontraria um dia.

Lembro-me que meu primeiro impacto foi com o nome do Instagram: *@filhosinteligentes*. Para mim, fez todo o sentido uma página especializada em comportamento infantil com respeito, gentileza e firmeza ter esse nome; afinal, eu sentia que a inteligência intelectual da Valentina — que já sabia todo o alfabeto com 1 ano e 10 meses, por exemplo — era incentivada e construída pela minha busca por paciência, respeito e cuidado, com meus erros e acertos, com a única ferramenta que eu tinha: "a pulga atrás da orelha" com a educação que eu recebi. Sem perceber, eu estava construindo a inteligência emocional dela. A partir daí, tudo foi se encaixando. Passei a encontrar as respostas e a me disponibilizar a estudar e aprender para ser a melhor mãe que eu poderia.

Pois então, meus queridos, o "mundo da educação consciente" foi se abrindo para mim com o auxílio tão técnico e empático da Carol que, de forma muito competente, inteligente e altruísta, disponibiliza-se, todos os dias, através do seu Instagram *@filhosinteligentes* e pelos excelentes cursos que ela oferece, para nos permitir o acesso a conteúdos que são elaborados com todo o estudo e dedicação para abençoar as nossas famílias.

"A ficha, então, caiu": era necessário estudar para ser mãe! Não dava mais para aceitar que para aprender sobre tudo na vida demandaria estudo, mas que as ferramentas para a educação de uma criança viriam apenas como um dom divino. E, assim, eu "peguei nas mãos" da Carol e só fui! Tive acesso ao desafio, curso e às dicas diárias do Instagram e, desde então, só evoluí como mãe. Quanta gratidão!

E como se não bastasse — e ainda bem que não bastou, pois esta mulher é incansável na missão de construir um mundo melhor — esta psicóloga tão querida escreveu este livro cheio de significado e ferramentas para continuar nos abençoando. Temos, agora, mais um capítulo deste chamado tão lindo para ler, reler, aprender e aplicar com nossas crianças. Que honra! Eu estou muito curiosa e certa de que vem conteúdo de extrema qualidade por aí. E você? Vamos juntos, então?

Dayana Carla Ribas Carvalho
Mãe da Valentina

INTRODUÇÃO

Você acredita que é possível educar sem bater, gritar ou punir uma criança? Se você respondeu não, vou te provar com este livro que é possível. Que você pode continuar sendo autoridade para seu filho sem precisar de recursos que gerem medo ou dor.

Mas antes, deixa eu me apresentar:

Meu nome é Caroline, sou psicóloga, especialista em neurociência e comportamento, mas antes de qualquer título, sou uma mãe em constante aprendizado e construção. Sou filha, irmã, amiga e vários outros papéis que podemos desempenhar na vida em diferentes facetas.

Além disso, quero muito te dizer que este livro não fala sobre experiência pessoal, apesar de eu compartilhar algumas curiosidades e fatos da minha vida. Este livro fala sobre ciência e as inúmeras comprovações de que precisamos rever a forma de educar as crianças.

Deixa eu te contar...

Você acreditaria se eu te disser que eu fui educada de forma consciente, sem palmadas, punições e que gritos eram muito raramente? Sim, sou a mais velha de três filhos e tivemos o privilégio de sermos educados com limites sem precisar de punições.

Acredito que você pode até pensar que a minha história de vida tem relação com a minha atuação profissional. Mas acredite, não tem a ver, ou melhor dizendo, não foi uma escolha intencional e consciente, talvez tenha sido o destino. Você vai entender melhor nos próximos parágrafos.

Vou te contar uma história que pode parecer bem mística e difícil de acreditar, mas preciso dizer que o que aconteceu comigo há alguns anos, hoje faz total sentido e revela de fato minha missão de vida.

Meados de junho de 2014, eu e uma amiga fomos para um atendimento espiritual de um senhor que tinha o dom da mediunidade. Alguns acreditam nisso, outros não; mas eu, Caroline, acredito.

No caso desse atendimento em específico, apesar de acreditar na espiritualidade, fui a ele bem incrédula. Achava que não iria funcionar comigo, porém como estava precisando muito de alguma luz em razão de uma fase complicada que estava passando, acabei indo.

O senhor em questão morava em uma casa bem simples e seu sustento era provindo da venda de doces caseiros. Era magro, alto e com uma aparência bem sofrida, como se a vida o tivesse castigado muito. Tinha um olhar sereno e falava calmamente.

Ele iniciou o atendimento fechando os olhos, colocou suas mãos sobre mim e começou a orar. Ao mesmo tempo que ele fazia em voz alta a oração, eu fazia a minha pedindo para que alguma luz surgisse naquele momento.

Para minha surpresa, ele acertou tudo que estava vivendo naquele momento. Fiquei perplexa, e minhas mãos começaram a suar de nervoso.

Depois de ter acertado tudo que eu estava vivendo no

momento, veio a visualização do futuro da minha vida. Ele disse que iria morar fora do estado; e sim, ele acertou. Alguns anos depois, saí de Fortaleza e fui viver em Salvador - BA.

Mas o ponto importante dessa história toda que estou contando é que ele falou que eu iria falar sobre educação para muitas pessoas, e que via tantas pessoas a ponto de não conseguir mensurar exatamente quantas tinham, era uma sala lotada.

Na época, eu estava realmente interessada na área da psicologia escolar e, além disso, estava inserida no ramo de pesquisas acadêmicas.

Na minha cabeça, imediatamente pensei que poderia ser reconhecida como uma referência da psicologia escolar e poderia estar dando aulas sobre isso nas universidades, que era meu sonho na época.

Mas não, ele acertou e eu errei na minha interpretação.

O que ele quis dizer, e que hoje faz total sentido, é que eu falo, sim, para muitas pessoas sobre educação, mas não na maneira tradicional de transmitir conhecimento. Meu destino estava traçado para esse caminho, acredito fielmente nisso.

Nada mais me realiza tanto do que ter a profissão que eu tenho e poder ajudar tantas pessoas mesmo distantes fisicamente através dos meus atendimentos, cursos e redes sociais.

A única coisa que ele não me disse foi que eu seria mãe. E essa é a parte mais importante e gratificante na minha vida. Aprendi e aprendo todos os dias que o maternar é desafiador e ao mesmo tempo, para mim, a melhor parte do meu dia. Meu filho se tornou a mola propulsora para meu crescimento pessoal e profissional.

Acredito que você talvez já tenha filhos e me entenda perfeitamente.

Entretanto, a maternagem não surgiu antes de trabalhar com educação, ela chegou bem depois. Então preciso te contar de onde surgiu o interesse de trabalhar com infância, e não foi por gostar da área escolar.

Tudo começou quando eu realizava atendimento na clínica com todos os públicos. Atendia crianças, adolescentes, adultos e uma vez ou outra surgia alguém da terceira idade. Mas foi com o público de adultos e de adolescentes que eu percebi a urgência de ensinar desde cedo habilidades socioemocionais.

Atendia muitos adolescentes e adultos não só com transtornos psicológicos, como também pessoas com inúmeras dificuldades relacionais, dificuldade de lidar com suas próprias emoções, baixa autoestima e insegurança.

Na formação de um psicólogo, estudamos todos os fatores que podem influenciar nas disfunções psicológicas, porém quando estamos no campo da ação é diferente. A teoria cola com a realidade de tantos que é assustador para nós, profissionais, nos depararmos com a quantidade de pessoas adoecidas batendo na porta de nossas clínicas.

O que você já deve saber, ou talvez não, mas a nossa infância é um momento que se não soubermos o que estamos fazendo, pode gerar profundos traumas e déficits de habilidades importantes para a vida, os quais se resumem em inteligência emocional.

Se queremos adolescentes e adultos fortes emocionalmente, não temos outra saída, senão cuidar da infância dos nossos filhos.

A infância deve ser olhada de forma sensível e responsável pelos pais. Sementes serão plantadas durante esse período que, a depender do que foi semeado, poderemos colher frutos indesejados.

Foi pensando nisso que decidi focar na infância como forma prevenção de adoecimento psíquico e também para um mundo melhor, de pessoas que sejam mais empáticas umas com as outras.

Sei que nunca seremos perfeitos, contudo quando há mudança interna nas pessoas, o externo também se modifica.

Agora eu te convido a pensar como você deseja que a sua relação com seu filho seja daqui alguns anos. Acredito que a resposta seja: uma relação repleta de confiança, respeito, amor e admiração. Acertei?

Neste livro, além de você aprender a alcançar esses objetivos, você terá em mãos um manual para sempre que precisar. Eu sei que muitas vezes a gente precisa de uma luz para saber se estamos no caminho certo.

Então segura minha mão que agora vou te apresentar o universo da infância e da educação consciente que talvez você nem imagine o quanto é maravilhoso.

PARTE I: EXPERIMENTE ESTAS NOVAS LENTES: UM NOVO OLHAR SOBRE A EDUCAÇÃO

1. MUITO ALÉM DE SOMENTE PAIS

Pode até parecer simples num primeiro momento, mas saber qual o papel dos pais é uma questão que vem sendo debatida há anos. E depois de muito refletir sobre isso ao longo de minha carreira como psicóloga infantil, tenho para mim que a resposta mais coerente seria "preparar os nosso filhos para a vida". Mas como fazer isso, exatamente? Eis o ponto mais complexo de todos. E aí vão existir pessoas com os mais variados pensamentos e opiniões. Inclusive, têm alguns pais que batem na criança para que ela "aprenda que a vida vai ser dura". Calma! O objetivo aqui não é culpar ou julgar seu comportamento como mãe ou pai, apenas te fazer presente para refletir sobre o seu verdadeiro papel como educador. E para mim os pais precisam ser os preparadores emocionais da criança. Aquele que vai ensinar ao filho, entre outras coisas, a ser resiliente, a saber lidar com as emoções, a vencer as adversidades da vida, a ter autoestima, autonomia. Porque esses são os maiores problemas que vemos nos adultos de hoje. Concordam?

Uma mãe ou pai consciente, que respeita as emoções dos filhos, entende que a criança pode sentir o que quiser, mas não necessariamente ela pode fazer o que quiser. Quando uma criança não consegue lidar com a raiva, extrapola todos os limites, esse é o momento que ela mais precisa de você para aprender habilidades de vida. Ela precisa de uma bússola para direcionar o caminho certo, para saber como lidar em situações semelhantes àquela. O problema que existe quando falamos de limites é que muitos pais atrelam o estabelecimento de limites com desrespeito à criança. Quando os pais se descontrolam é o mesmo que perder a direção da bússola que deveria servir como norte para a criança.

Vamos de exemplo para facilitar a compreensão sobre o respeito com limites: imagine que você fez um combinado com seu filho de que vocês iriam para o parque, mas que às 17 horas acabaria a brincadeira e teriam que voltar para casa. O que você acha provável de acontecer quando no findar da brincadeira fosse comunicado para qualquer criança que acabou? A resposta que deve ter vindo na sua mente é: descontrole emocional, meu filho iria fazer birra. Acertei?

E agora imagine você escutando seu filho gritar dizendo que quer continuar brincando no balanço do parque, mesmo depois de vocês terem feito um sério combinado sobre o assunto. É desesperador, não é? Sensação de que a criança não te escuta ou que não te leva a sério.

Nessas horas, tenho certeza que você já pensou que seu filho precisava de limites urgente, que ele não entende que combinado é combinado ou que se ele não entender de uma vez por todas sobre a importância dos combinados, ele se tornará um burlador de regras a vida inteira.

E aí o que mais acontece é que a criança, diante a um momento de descontrole, não tem a menor noção de como lidar com a raiva e frustração que tomam conta de seu corpo naquele momento. E pior de tudo, muitas vezes nem os pais sabem lidar com a raiva que toma conta do momento diante da negativa do filho. Mas então eu te pergunto: se desejo que meu filho desenvolva habilidades de gerenciamento emocional, qual o sentido de não ser modelo de autorregulação? Como ele vai aprender só com palavras soltas de "você precisa se acalmar", "pare de gritar", se esses mesmos pais não praticam o discurso pregado.

Mas como fazer isso se às vezes você nem mesmo consegue cuidar de você? Se muitas vezes lhe faltam coisas básicas como paciência e autocontrole? E mais, como fazer isso tudo sem saber ler as emoções da criança para agir de uma forma mais eficaz e positiva?

Eu sei que você deve estar curiosa pelas respostas dessas perguntas, por isso é importante que você siga aqui comigo, pois no decorrer deste livro abordarei sobre o assunto.

2. REPENSANDO A FORMA DE EDUCAR

Ao longo da nossa história vivenciamos inúmeras transformações culturais, tecnológicas, morais, noções e busca de igualdade e de direitos. Ao mesmo tempo em que chegam tantas mudanças que sinalizam avanço e crescimento, nossas crianças estão inseridas nesse contexto de transformação, muitas delas engessadas em um modelo de educação que não se encaixa mais.

Não se encaixa porque muitos de nós exigimos aquilo que não vivenciamos mais. Você já parou para pensar que nas escolas de antigamente utilizavam palmatória? Imagine seu filho estudando em uma escola que ainda utilizasse palmatória de madeira como forma de educação e aprendizado. Isso é tranquilo para você ou te causa angústia só de imaginar a professora batendo no seu filho? Mas naquele tempo não gerava nenhum espanto e fazia parte da realidade e modelo educacional de muitas instituições e educadores.

Quer um outro exemplo? Durante muito tempo as mães eram as principais e praticamente as únicas responsáveis pela educação e saúde dos filhos. Em razão das questões culturais, o homem tinha a posição de provedor do lar e a mulher tinha a responsabilidade integral pela organização da casa e cuidados dos filhos. Hoje, você acharia natural se algum pai dissesse com todas as letras que a responsabilidade de cuidar do filho doente é somente da mãe? Ou que se a criança tirou nota baixa na escola, é porque a mãe precisa exercer melhor o papel dela?

Pois é, o mundo mudou porque evoluímos, a busca e luta pelo respeito é crescente em todas as partes, e particularmente acho ótimo. As pessoas são mais questionadoras, buscam conhecimento; aliás, o conhecimento às vezes chega até a gente sem nem percebermos, pois a tecnologia está aí para nos auxiliar. E você acha que as crianças não sentem e não percebem esse movimento natural de transformação que nos rodeia?

Isso explica muito o porquê de as crianças serem hoje muito mais argumentativas e questionadoras, o porquê desobedecem com mais frequência. E esse é o grande motivo que deixa muitos pais de cabelo em pé, sem saber o que fazer e até com uma sensação de estarem perdidos.

Acredito que com toda essa mudança que estamos observando no mundo, precisamos sempre estar atentos ao autodesenvolvimento, seja ele moral, espiritual (quem acredita na espiritualidade), profissional ou pessoal. Entender que toda busca de mudança e transformação é infinita e inacabada, mas que sempre haverá algo melhor e maior. Podemos ser mais, muito mais do que temos a oferecer.

3. DADOS PREOCUPANTES DO SÉCULO XXI

Ricardo saiu para trabalhar sem energia, desmotivado, sem nenhuma projeção de futuro. Seus sonhos já quase não são mais lembrados, ficaram para trás. No trabalho, as horas parecem não passar, faz tudo no processo automático e a verdade mesmo é que Ricardo quer sumir. A vontade de morrer, deixar de existir naquele momento é bastante forte. Ele sente uma dor profunda que é difícil explicar. Não sabe dizer se seria uma angústia misturada com o medo, se seria uma tristeza profunda misturada com ansiedade. Tudo é muito confuso e nebuloso.

Ao chegar em casa, o momento que deveria ser para acalmar e relaxar, sua cabeça é bombardeada de pensamentos negativos. Ele pensa: "Como será amanhã? Será que vou dar conta da planilha do trabalho? Acho que não deveria ter dito aquilo para o meu colega, sou uma péssima pessoa!".

Ricardo também se sente um peso para a sua família, suas emoções e pensamentos andam tão confusos que se sente mal em ver sua esposa sofrendo junto com ele por não conseguir ajudá-lo.

Ricardo sofre o mal do século XXI, a depressão.

Talvez, enquanto você estava lendo a história de Ricardo tenha identificado facilmente o que ele estava passando. Isso talvez porque você já tenha vivenciado ou às vezes conhecido alguém que já passou pelo transtorno depressivo.

A ciência já sabe que a depressão é uma alteração química no cérebro, principalmente com relação aos neurotransmissores como a serotonina, noradrenalina e dopamina. E essa alteração ocorre por fatores genéticos, relacionais e culturais.

Então vamos lá, para você entender melhor.

Todos nós carregamos geneticamente predisposições para doenças ou desordens no nosso corpo, e esses genes, por sua vez, podem ou não serem acionados ao longo da nossa vida. Então, podemos desenvolver qualquer doença física ou psíquica, como: depressão, ansiedade, bipolaridade, esquizofrenia etc.

Para além da combinação genética, a forma como somos educados e aprendemos a nos relacionar também influencia no desenvolvimento ou não de transtornos.

Antes de tudo, precisamos entender de forma breve a relação da genética com o ambiente de uma criança. Todo estresse e medo causado na infância durante o processo da educação podem gerar uma inflamação natural no nosso corpo.

Quanto mais cedo esse indivíduo for submetido ao estresse, consequentemente, mais processos inflamatórios serão desenvolvidos, ocasionando assim o que chamamos de "memória imunológica", ou seja, essa inflamação ficará marcada nas células desse sujeito.

Esse mesmo estresse libera noradrenalina que, por sua vez, libera citocinas pró-inflamatórias. Essas citocinas pró-inflamatórias diminuem uma substância chamada brain-derived neurotrophic fator (BDNF) ou fator neurotrófico, que é uma proteína endógena que tem a finalidade de regular nossa plasticidade cerebral. Quanto mais BDNF, mais produzimos novos neurônios no hipocampo que, por sua vez, formam mais sinapses e ganham mais força e funcionalidade, que é a principal função de um indivíduo saudável; ou seja, quanto mais BDNF, mais seu cérebro está protegido.

Quando somos submetidos a frequentes e intensos estresses, uma inflamação natural nas células é causada, diminuindo assim os níveis de BDNF. Deste modo, essa redução de BDNF no organismo acaba favorecendo o aumento da probabilidade de desenvolvimento de transtornos como depressão e ansiedade, além de outras doenças como: hipertensão, diabetes e colesterol alto.

Logo, quando uma criança é submetida ao medo, punições e estresse constante, incluindo correções como a palmada, todo esse processo será registrado em sua memória imunológica, aumentando o risco de adoecimento físico e emocional a curto, médio e até longo prazo.

Um estudo estadunidense fez o comparativo entre diferentes famílias com algum membro diagnosticado com algum tipo de transtorno psiquiátrico para avaliar se o funcionamento de uma família pode ou não interferir no desenvolvimento de transtornos psiquiátricos.

Então compararam as 60 famílias de pacientes com transtorno bipolar, 61 famílias de pacientes com transtorno esquizofrênico, 111 famílias de pacientes com transtorno depressivo maior, 48 famílias de pacientes com viciados no uso de substâncias, 46 famílias com pacientes com transtornos de ajustamento e 353 famílias com familiares saudáveis.

Observou-se por meio dessa pesquisa que as famílias de pacientes com transtornos psiquiátricos, em comparação com as famílias saudáveis, apresentaram um pior funcionamento familiar nas áreas de solução de problemas, comunicação, baixo envolvimento afetivo e habilidade de gerenciamento das emoções.

Além disso, existe um outro estudo realizado em Lisboa com 822 jovens entre 15 e 23 anos que já tentaram o suicídio. Tal estudo mostrou que na grande maioria das vezes as famílias desses jovens eram caracterizadas por uma estrutura bastante rígida, com autoridade excessiva, muitos conflitos entre os membros da família, dificuldades na comunicação e pouca afetividade.

Conseguem entender o quanto a forma que nos relacionamos em nossa base familiar pode ser favorável para uma boa saúde mental ou extremamente danosa como nos estudos citados? Podemos concluir que o componente das relações interpessoais pode ser preponderante para acionar ou prevenir o desenvolvimento de transtornos.

Outro ponto relevante a abordar é que as punições enganam bastante os pais que acreditam que irá cessar o comportamento indesejado da criança. Isso acontece porque as punições, apesar de diminuírem inicialmente a frequência de alguns comportamentos desafiadores, com o tempo gera uma certa tolerância às ações punitivas dos pais, como se a criança se acostumasse com a punição.

Uma pesquisa recente feita nos EUA que foram incluídos 75 estudos em 13 países, observou que a palmada aumenta significativamente o risco de resultados negativos e problemas, e que não significa dizer que a criança que apanha terá problemas, mas aumenta significantemente esse risco. Nessa mesma pesquisa foi observado também que o apanhar não estava ligado com o bom comportamento da criança, ao invés disso, a palmada estava conectada ao pior comportamento da criança; ou seja, um comportamento inadequado é inibido, mas outro igual ou pior surge substituindo o anterior. Não é à toa que inúmeras famílias entram em um ciclo de punições sem fim e tendem a utilizar punições cada vez mais severas para conseguir o controle do comportamento do filho.

Por isso, o ideal é que moldemos o ambiente e nossa forma de estabelecer os limites para melhorarmos alguns comportamentos infantis. A forma como conduzimos a educação pode ser crucial na prevenção de doenças psíquicas. Um educar que estimule desde cedo a desenvolver a inteligência emocional, onde o amor ande junto com os limites e respeito. E isso é totalmente possível, e é isso que pretendo te mostrar

4. REALIDADE VERSUS EXPECTATIVA NA CRIAÇÃO DOS FILHOS

Durante minha experiência com inúmeras crianças e famílias, pude perceber que nem todas as práticas poderiam ser encaixadas em todos os modelos familiares, e isso gerava um sentimento em muitos pais de culpa por não conseguirem inserir determinados hábitos no âmbito familiar. E sabemos que quando falamos sobre o processo de educar, falamos muito sobre nós, antes mesmo dos filhos.

O grito vindo dos pais pode estar sinalizando sobrecarga, cansaço da rotina, às vezes sobre o estresse no trabalho, sobre planos ou sonhos desfeitos e até mesmo distantes. As palmadas podem falar sobre a falta de estratégias e ferramentas ou sobre a pouca capacidade de diálogo. O seu comportamento pode também falar muito da sua infância. Já parou para pensar sobre isso?

É comum que na nossa geração não tenhamos tido conhecimento ou proximidade para entender sobre como funcionam nossas emoções e como lidar com elas. Educar fala sobre nós, sobre nossas limitações, mas também sobre nossas potencialidades.

O fato que também não se pode omitir é que ninguém é perfeito, especialmente quando se trata de lidar com os comportamentos das crianças. Não existe linearidade no processo de educar. Às vezes os pais se saem bem e se sentem orgulhosos por terem conseguido obter controle da situação de forma amorosa, paciente e compreensiva. Mas em outros momentos, descem ao nível dos próprios filhos, recorrendo à infantilidade que tanto incomodava na hora do conflito.

Mas deixa eu te falar: mesmo assim você está oferecendo uma experiência valiosa. Sabe por quê?

Na verdade, o mais importante é ensinar aos seus filhos que algumas das respostas atrapalhadas e humanas são grandes oportunidades de crescimento e aprendizado. Tornando assim uma ocasião favorável aos pais para pedirem desculpas e consertarem os erros.

Através de situações difíceis, desenvolvemos novas habilidades, como por exemplo o exercício do perdão. Quando exercitamos o perdão, estamos sendo gentis conosco e trabalhando a autocompaixão, fundamentais não somente para criarmos um santuário interno, mas também para ensinar às crianças a serem gentis com elas mesmas e com os outros. Finalmente elas observam que você não é perfeito, de modo que não vão esperar perfeição deles mesmos, ensinando importantes lições que os prepararão para futuros relacionamentos e conflitos.

"A criança é o chão que caminharemos o resto dos nossos dias."

- *Lya Lift*

PARTE II: DESVENDANDO OS SEGREDOS POR TRÁS DAS EMOÇÕES

1. COMO USAR NOSSAS EMOÇÕES A NOSSO FAVOR

Se eu te contar que você não seria nada ou nem sequer estaria vivo sem sentir suas emoções, você acreditaria? Estou te dizendo, de forma muito direta e sem rodeios, que a razão de você estar vivo é justamente por senti-las, principalmente aquelas que chamamos de básicas ou primárias.

As emoções básicas são o medo, a tristeza, a raiva, o nojo e a alegria. Possuem essa nomenclatura de básicas ou primárias em razão de serem sentidas por qualquer ser humano e até mesmo por várias outras espécies de animais. Elas são inatas, instintivas e importantes para nossa sobrevivência.

E já observou que muitas vezes essas emoções são invalidadas pela nossa sociedade? Escutamos muito que sentir tristeza é sinônimo de fraqueza, como também quando sentimos raiva é sinônimo de ser uma pessoa ruim.

No livro "Sinta raiva" do monge budista TenzinGyatso, mais conhecido como Dalai Lama, ele aborda sobre a raiva como sendo a principal emoção que pode ser mola propulsora para a busca de mudanças, sejam elas em um coletivo dentro de uma sociedade ou de forma individual e subjetiva. Nessa mesma obra, o líder espiritual fala sobre como a raiva pode ser uma peça importante para a busca da paz. Ele defende que sem a raiva causada pela indignação das injustiças no mundo, não alçaremos mudanças de injustiças sociais, que ele chama essa raiva pelo viés positivo como "raiva compassiva".

Mas claro que não há de se negar que existe aquela raiva destrutiva que nós não queremos para nós, nem para os nossos filhos, concorda?

Acredito que esse pode ser inclusive um dos motivos de você estar lendo este livro neste exato momento. Seu interesse, provavelmente, além de dar a melhor educação para seu filho, você deve estar curioso para entender por que cargas d'água sua cria explode em alguns momentos, ao ponto de você perder totalmente o controle da situação, ou até mesmo o porquê você explode quando se depara com algum desafio de comportamento do seu filho.

Para sabermos conduzir uma educação pautada no respeito à criança e tendo consciência de nossas ações, bem como os comportamentos infantis, preciso te explicar uma noção básica da fisiologia humana e neurociência, pois dificilmente você vai obter autocontrole e também não conseguirá ajudar seu filho sem saber isso.

Temos uma parte do nosso cérebro chamada amígdalas cerebelosas, são uma espécie de neurônios que unidos formam uma massa cinzenta. Essa massa cinzenta faz parte do sistema límbico do cérebro.

Bom, a amígdala tem uma função extremamente importante, ela é responsável pelas nossas reações emocionais. Ou seja, se você tiver que culpar seus descontroles emocionais, não é o seu filho o culpado, mas sim essa partezinha do cérebro chamada amígdala que tem o tamanho de uma amêndoa.

Nossos sentidos são os principais vetores de informação para o nosso cérebro de que algo está indo bem, mal ou que pode nos colocar em risco iminente. E assim, ao nos depararmos com situações que servem de gatilhos para essa descarga emocional, nossas emoções são imediatamente acionadas por esse sistema emocional complexo.

Sinto te dizer, mas você e seu filho nunca vão conseguir deixar de sentir as emoções que são descarregadas pelo corpo. As emoções não avisam a hora de chegar e não podem ser arrancadas de nós. Em contrapartida, a excelente notícia é que podemos ter controle sobre elas e saber usá-las a nosso favor.

Ao mesmo tempo que liberamos automaticamente nossas emoções, temos também uma outra parte do nosso cérebro chamada de córtex pré-frontal. Essa parte é responsável pelo nosso autocontrole.

Quanto menor a criança for, menos desenvolvida é essa parte do cérebro. Isso explica os descontroles mais frequentes e intensos que acontecem normalmente com crianças pequenas. Seguindo essa linha de raciocínio, nós como educadores precisamos estimular o bom desenvolvimento dessa parte cerebral como se fosse um músculo que precisa ser exercitado para se desenvolver forte e saudável.

2. MEMÓRIAS IMPLÍCITAS E EXPLÍCITAS

Através das emoções também codificamos memórias. Observe que quanto mais marcante for alguma memória na sua história de vida, mais vai te despertar alguma emoção predominante, que pode realmente ser qualquer uma, como a raiva, alegria, tristeza, medo e por aí vai.

Vou te contar uma história da minha vida que exemplifica muito bem a relação da memória com as nossas emoções.

Durante anos tive duas figuras maternais muito fortes, a primeira delas é minha mãe, que é minha melhor amiga e presente até hoje, e também a minha avó materna, que já faleceu há alguns anos. Ambas se chamam Luiza.

O que quero te contar é que minhas memórias afetivas com a minha segunda mãe, minha avó Luiza, foram tão marcantes que até hoje emergem em muitas situações, principalmente esta que vou contar para você.

Enquanto minha mãe trabalhava como professora na rede pública de ensino, se eu não estivesse na escola, estava aos cuidados da minha amada avó Luiza.

Como vocês imaginam, se estou falando de memórias afetivas, logo são lembranças regadas de amor. Tive experiências maravilhosas de muito cuidado, segurança e carinho que jamais serão esquecidas. Tive também uma infância repleta de brincadeiras que eram estimuladas tanto pelos pais, quanto pelos meus avós maternos.

Morávamos todos juntos, minha mãe tomou esta decisão de morarmos juntos para que pudesse auxiliar minha avó nos cuidados do meu avô que na época estava bem debilitado. Então era eu, meus pais, minha irmã, meu irmão e meus avós. A casa era grande, dava para todo mundo viver bem.

Bom, e onde eu quero chegar com essa parte da minha vida?

A casa tinha um jardim lindo cheio de flores, coqueiros e um espaço maravilhoso para brincar de pega-pega, esconde-esconde, amarelinha e tantas outras coisas.

Nesse mesmo jardim, tinha um jasmineiro que exalava um aroma delicioso, principalmente durante a primavera e o verão. Escutava muito da minha avó o quanto ela amava os jasmins e o quanto fazia parte da história de amor dela com meu avô quando eram jovens.

Acontece que até hoje todas as fragrâncias com perfumes de jasmim automaticamente me lembram a avó Luiza. Durante anos, minha infância teve cheiro de jasmim. Tornou-se uma memória afetiva muito forte na minha vida que, acionada pelo meu sentido olfativo, automaticamente me desperta uma emoção agradável.

Então, não só eu, mas você também deve ter memórias afetivas. O cheiro de algo, o sabor de algum alimento, um lugar especial, toda memória afetiva é um resgate à nossa história.

Agora você entende o quanto nossas emoções podem ser a "cola" das nossas memórias?

O abraço em um filho, as palavras de afeto, o brincar junto, rir das pequenas coisas, tudo pode nos marcar de forma inexplicavelmente especial.

Uma outra informação importante é que nem sempre nossas memórias são lembradas com clareza e de forma explícita em nosso consciente. Temos também um outro tipo de memória, que é a que chamamos de memórias implícitas.

As memórias implícitas são memórias que ficam armazenadas no nosso inconsciente, como se estivessem guardadas em caixinhas fechadas e quanto mais desconfortáveis elas forem, mais mantemos lacradas como um mecanismo de defesa.

O que eu quero dizer com isso é que ao mesmo tempo que podemos associar nossas memórias às emoções agradáveis, também em algumas situações podemos associar a emoções não tão agradáveis assim.

Por exemplo, se você vivia em um lar com muitos conflitos ou violência e suas percepções sensoriais te despertavam emoções como raiva, tristeza, ansiedade, medo ou insegurança, serão essas emoções codificadas em seu cérebro caso você se depare com algo daqui para frente que assemelhe com essa vivência.

Inclusive, essa é a razão que explica alguns sintomas de transtorno de ansiedade e fobias não serem compreendidos pelos que sentem, como se não houvesse uma razão racional ao surgirem os sintomas de taquicardia, sudorese, tremores ou dores abdominais.

Para ficar mais claro, vou relatar uma situação bem recorrente em pacientes com transtorno de ansiedade.

Imagine que uma pessoa tenha passado sua infância inteira em um lar rodeada por pessoas extremamente críticas, rigorosas e/ou bastante punitivas. Entende que essa criança poderá guardar memórias implícitas de medo?

Agora, mais uma vez imagine que essa criança se tornou um adulto e que ao se deparar com qualquer situação similar, sente um despertar das mesmas emoções sentidas na infância, isso acontece de forma inconsciente, pois a pessoa que está vivenciando a situação não enxerga uma razão racional para tais sentimentos.

É isso, uma pessoa pode ter uma crise de ansiedade sem racionalmente entender por que está tendo crise. Isso acontece em razão das nossas percepções sensoriais, como visão, audição, tato, olfato e paladar que comunicam ao nosso cérebro a existência de algo errado que já foi vivenciado alguma vez na vida, como por exemplo, situações traumáticas ou estresses repetitivos na infância. Automaticamente, seu corpo aciona seu mecanismo de defesa, liberando assim a principal emoção codificada na infância para conseguir lidar com a situação similar vivenciada do presente.

3. O QUE É EDUCAÇÃO EMOCIONAL E SUA IMPORTÂNCIA

Você já reparou que ensinamos tudo às crianças, desde dar os primeiros passinhos a nomear os objetos, os nomes das pessoas, estimulamos a aprender os números, as cores, as letras. Onde é que fica, no aprendizado, identificar e a nomear as emoções?

Além disso, quem nunca ouviu dizer que a tristeza, raiva, medo e nojo são emoções ruins e que devemos evitar passar por elas?

Certa vez, uma pessoa me procurou querendo ser atendido para trabalhar antecipadamente a tristeza caso seus pais morressem algum dia. Achei curioso o fato desse paciente, como muitas pessoas, quererem afastar emoção como a tristeza que é inevitável e impossível deixar de senti-la.

A tristeza, como todas as emoções fazem parte de nós. Não estou falando sobre se preparar emocionalmente para vivenciar um processo de luto, a tristeza e a saudade deixada por aqueles que amamos e acabam partindo, isso sim é possível, mas evitar sentir uma emoção inerente a nós, seres humanos, isso não é possível, não dá para fugirmos.

Para Daniel Goleman (2005), conhecido como pai da inteligência emocional (IE), a definição da IE é "a capacidade de identificar os nossos próprios sentimentos e os dos outros, de nos motivarmos e de gerir bem as emoções dentro de nós e nos nossos relacionamentos".

E para você entender melhor as principais emoções, preciso te explicar com calma cada uma delas e sua função para nossa sobrevivência como espécie.

Raiva: A raiva é um estado emocional que faz parte de nossa constituição natural, como todas as emoções básicas que nos constituem. Quando ativamos esse sentimento, mantemos a capacidade de nos preservarmos diante de possíveis perigos ou ameaças que possam acontecer conosco ou com quem amamos.

A raiva é uma emoção bastante rejeitada pela nossa cultura, relacionam-na sempre como uma característica negativa ao sujeito que sente. Mas ao contrário disso, ela nos sinaliza e nos instiga a agir, a nos movimentarmos. Pode nos proteger quando necessário, pode nos impulsionar para o crescimento e para sermos persistentes em nossos objetivos.

E como isso acontece?

Você já reparou que até os animais dão avisos de alerta antes de atacar? Um cão ao se sentir ameaçado, pode rosnar ou atacar para se proteger. Então a raiva pode ser um mecanismo de estabelecer os limites em uma relação ou interação que você precisa se preservar ou se proteger. Logo, a raiva é necessária para nossa proteção e individualização.

Porém, vale salientar aqui que quando é manifestada em excesso ou sem gerenciamento, assusta e pode ser muito prejudicial para a própria pessoa que sente, relações e até ao ambiente que essa pessoa se encontra, que é o que acontece com pessoas que agridem verbalmente ou fisicamente umas às outras, quebram objetos, têm baixa habilidade de lidar com frustrações e pouca tolerância.

Então, o ideal é saber administrar essa emoção com sabedoria, de forma assertiva. A assertividade, na verdade, é fundamental em todas as emoções.

Tristeza: A tristeza tem a finalidade básica de reflexão, a nos reconhecermos como humanos e falhos, além de nos propiciar a capacidade de mudança. Porém, quando mal gerenciada, essa emoção pode causar muitos danos, podendo provocar insegurança, dificuldade de se defender ou reagir, passividade e baixa autoestima.

A tristeza, apesar da sociedade não ter maus olhos com relação a ela tanto quanto a raiva, pode também trazer enormes prejuízos quando não é bem gerenciada.

O sentimento de tristeza não nos mobiliza muito a agirmos, mas nos faz pensar de forma mais profunda sobre o que incomoda. O grande perigo dessa emoção é que quando não é gerenciada como uma possibilidade de aprendizado, pode nos manter reféns da culpa e incapacidade. Em alguns casos, quadros patológicos, como a depressão.

Por isso, precisamos passar por esse sentimento e aprendermos o que precisa ser aprendido, dando um novo significado para seguir em frente.

Medo: O medo, por sua vez, é também uma emoção muito importante, faz parte do nosso instinto protetivo. Todos os animais necessitam dessa emoção para sobreviver e, na dose certa, nos tira de riscos iminentes e nos dá prudência. Mas quando esse medo se torna disfuncional, essa emoção pode desencadear choro, dificuldade de se defender, insegurança, paralisação diante do problema, fobias e ansiedade.

Precisamos ensinar nossas crianças a serem fortes para lidar com este contexto social grave que vem atormentando a saúde mental de muitos jovens. É necessário aprender a enfrentar os medos, a se defender de forma justa e equilibrada, articulando as ideias e principalmente valorizando, reconhecendo e evidenciando as próprias qualidades.

Nojo: O nojo é nossa fronteira de limite, nossa autodefesa, ajuda a nos diferenciarmos como sujeitos, contribuindo para a formação de nossa personalidade e identificação de grupos. O nojo nos dá a sensação de repulsa e rejeição a estímulos que podem ocasionar intoxicação.

De forma prática, o nojo, se não administrado de forma saudável, poderá limitar o sujeito a novas experiências, ter dificuldade de lidar com o novo e o diferente.

Alegria: A alegria aumenta a autoestima, nos dá energia e diminui a ansiedade; conseguimos olhar perspectivas diferentes e mais coloridas da vida, faz bem para a alma e para o coração. Quando rimos, somos gratos, liberamos mais endorfina em nosso corpo, e então sentimos bem-estar e relaxamento.

A endorfina liberada, por sua vez, também melhora a memória, o sistema imunológico e já existem pesquisas que comprovam que ela diminui a sensação de dor. Não é à toa que existem programas como os Doutores da Alegria que visitam inúmeros hospitais com a finalidade de levar um pouco de distração para pacientes que estão passando por sofrimento físico e psíquico. Mas a alegria, também tem seu lado negativo como todas as outras emoções. Ela pode diminuir nossa habilidade de compaixão, de empatia e tolerância com o próximo.

Quem se sente feliz e alegre com a tristeza do outro, torna a alegria como uma emoção desadaptativa e tóxica. O bullying, a depreciação do próximo, a alegria pela infelicidade alheia são exemplos de que essa emoção pode ser negativa a depender da forma como a gente lide com ela.

4. EMOÇÕES ADAPTATIVAS E DESADAPTATIVAS

As emoções podem ser sentidas de forma desordenada e sem conhecimento de como lidar, sendo assim prejudiciais. Por isso, elas podem ser classificadas como adaptativas ou desadaptativas.

Uma emoção é adaptativa quando ela surge, mas passa logo em seguida que já cumpriu com a sua função principal. Por exemplo, quando nos sentimos ameaçados por algo aparentemente perigoso, o medo entra em ação para nos proteger.

Já a desadaptativas é quando a emoção perde seu objetivo principal que é nos manter vivos e seguros. Isto é, quando a emoção perde seu objetivo principal de proteger de algo racionalmente ameaçador e passa a ser expressada de maneira disfuncional, pode trazer impactos negativos para quem sente. Sabe como fica ainda mais fácil de você entender melhor sobre emoções desadaptativas? Vou dar mais outro exemplo:

Pensa naquele medo intenso de barata, medo de aparecer o personagem do filme de terror na sua frente, medo de perder alguém que nem está doente? Ou até mesmo quando o medo se torna fobia de tão intensa, gerando também muita ansiedade?

Pois é, nossas emoções podem nos prejudicar quando não sabemos lidar com elas.

E falando em ansiedade, preciso também te apresentar as emoções secundárias.

Essas emoções são aprendidas através da cultura e interações sociais, são também mais complexas e podem esconder alguma emoção primária. O ciúme, orgulho, vergonha, culpa, inveja e ansiedade são alguns exemplos de emoções secundárias.

E por que elas podem esconder alguma emoção primária?

O ciúme, por exemplo, pode esconder o medo de perder a atenção e sua importância de alguém que a gente ama. A culpa pode esconder a tristeza de ter falhado em algum momento.

Percebe o quanto falar e entender sobre emoções é tão importante para o nosso autoconhecimento e prevenção de doenças psíquicas?

Você já parou para pensar que muitos jovens e adultos são frágeis emocionalmente? Sentem raiva, mas não sabem dosar e acabam canalizando essa emoção de forma destrutiva a si mesmo, a outras pessoas e ao ambiente. A tristeza então, também se torna o cárcere de muitos que não conseguem atribuir um novo significado para as dificuldades e se aprisionam nela.

Estudos realizados com pacientes adolescentes que se automutilam apontam que aproximadamente 90% dos jovens que apresentam esse comportamento relatam que ao longo da sua vida, principalmente na infância, foram desencorajados a externalizar suas emoções, principalmente a raiva e a tristeza.

Esse dado corrobora com minha percepção ao longo

dos anos de atendimentos clínicos à intensa procura de jovens adoecidos psicologicamente e principalmente, além dos fatores genéticos que coexistem, sem sombra de dúvidas, a falta de habilidades de lidar e gerenciar suas próprias emoções é um fator preponderante.

Faz parte da educação emocional, saber identificar em que estado mental nós estamos para depois saber gerir nossas emoções. E para aprender a gerir as emoções é necessário treino de habilidades emocionais desde muito cedo através de experiências concretas vivenciadas pela criança.

"Só é possível ensinar uma criança a amar, amando-a."

Johann Goethe

PARTE III: PÍLULAS EDUCACIONAIS INDISPENSÁVEIS

1. PÍLULA DO FILHO REAL: EXPECTATIVAS PARENTAIS ALINHADAS ÀS FASES DA CRIANÇA

Quando uma criança chega em nossa família, seja pela gestação ou adoção, é inevitável que não criemos expectativas. Um filho traz consigo uma infinidade de incertezas, medos e desafios.

Apesar de tudo isso ser natural, quando não estudamos sobre infância, suas fases de desenvolvimento e comportamentos, podemos tornar o processo de educar ainda mais difícil. E por conta disso, surge a idealização do filho, e vamos ser sinceros... Isso NUNCA vai existir na vida real.

O filho real é aquele com o qual nos deparamos com os desafios normais que fazem parte da própria criança, isso inclui seu temperamento, a fase de desenvolvimento em que se encontra, além do ambiente em que está inserido, tudo isso vai influenciar na forma em que seu filho irá se comportar e pensar. Já o filho ideal é aquele que os pais criam a expectativa baseado em seus ideais de uma criança perfeita. A criança que obedeça sempre, que seja cem por cento compreensiva, que saiba se controlar sem ao menos ter sido ensinada em como conseguir esse autocontrole, aquela criança dos sonhos, mas que de fato fica realmente só nos sonhos dos pais.

Os pensamentos mais comuns que permeiam na cabeça dos pais são:

"Ah, como eu queria que meu filho fosse calminho e obediente."

"Meu filho fala muito e alto demais, tão bom se falasse menos e mais baixo."

Você já pensou assim?

E o mais curioso é que outros pais que têm filhos mais calmos e obedientes, até mesmo que falam pouco e baixo, reclamam que têm filhos passivos que não sabem se posicionar. A insatisfação também aparece.

Isso me faz lembrar muito o quanto meu filho Benício é completamente diferente de mim, tira-me obrigatoriamente da minha zona de conforto.

Sou do silêncio, ele é do barulho.

Amo uma calmaria, ele gosta da agitação e movimento.

Sou introspectiva, ele já é expansivo e comunicativo.

Ao mesmo tempo, nossos filhos nos ensinam de maneira sutil através do seu jeito de ser tudo que nos falta ou que precisamos aprender, mas que muitas vezes estamos tão preocupados em ensinar que não nos abrimos para os aprendizados que eles nos proporcionam.

A nossa essência, bem como a dos nossos filhos, nunca será alterada, não importa o quanto a gente tente, mas podemos, sim, aprender a lidar com nossas fragilidades e ensinar nossos filhos também a lidarem com as deles.

Aceitar nossos filhos não significa nos tornar pais conformados com tudo só pelo fato de aceitarmos como eles são. Ao contrário disso, precisamos educar e ensinar nossas crianças, mas sem deixar de reconhecer os pontos frágeis e as potencialidades que fazem parte da sua personalidade e sua maneira de ser. Eu sei também que aceitar o filho real exige de nós enfrentar uma sociedade julgadora e que cobra que você puna seu filho como forma de educar quando ele se comporta mal.

Sabemos que a birra é um dos comportamentos que mais gera cobrança social de que para contornar a situação precisamos usar da violência para ensinar. Concordam? Eu sei que isso é bem difícil para a maioria dos pais, muitos se sentem pressionados a agir de maneira dura para não serem interpretados, equivocadamente, como pais permissivos que não estão preparando sujeitos que saberão viver em sociedade. Por isso, aceitar nosso filho real e lidar com os desafios compatíveis a eles não é uma tarefa fácil, exige de nós estar cara a cara com a realidade da parentalidade que não é um mar de rosas.

2. PÍLULA DA COMPASSIVIDADE: SER COMPASSIVO CONSIGO E COM NOSSOS FILHOS

Compaixão consigo mesmo e com nossos filhos deve ser a palavra de ordem quando se trata de educação. Errar faz parte do processo de crescimento de todos nós, não dá para fugir da vulnerabilidade que é inerente a todo ser humano. E a culpa é um sentimento muito recorrente no dia a dia do educador, principalmente na maternidade.

A culpa é da mãe!

Existe uma cobrança social intensa de responsabilidade materna, o que dá certo ou não na vida dos filhos. Um pensamento que também possui raízes do machismo, de que a mulher é responsável pela educação das crianças ou pelo menos, por boa parte dela. Além de toda construção social que mobiliza a culpa e o sentimento de fracasso na educação dos filhos, existe também a nossa história de vida que tem impacto e gatilho desse sentimento.

Pais que tiveram uma infância baseada em ameaças, medo intenso de serem punidos ou vieram de lares violentos, podem carregar grandes traumas que aumentam a pressão por não errar. Ao mesmo tempo que é importante termos a consciência de darmos o nosso melhor, não podemos transformar o erro como um fardo, mas sim a mola propulsora de aprendizado e transformação.

Eu sei que algumas vezes parece difícil não sentir culpa em situações específicas, e isso faz parte do processo. Eu já senti isso algumas vezes e sei que vou sentir também em outros momentos. O problema é que esse sentimento não pode ser um empecilho para o nosso crescimento, a dificuldade de pensar em caminhos diferentes daqui para frente. Acontece que os pais entram em um ciclo de autopunição por terem cometido uma falha e não focam na lição a ser tirada e principalmente em como fazer diferente uma próxima vez.

Um exercício interessante de se colocar em prática é pensar sempre depois de um erro em como podemos mudar o desfecho desse acontecimento caso venha a desencadear novamente. Então, pensando nisso, podemos trabalhar três passos importantes chamados de IBA para sair do ciclo da culpa e aprendermos com os erros de forma assertiva.

1°PASSO: IDENTIFICAR OS GATILHOS

O primeiro passo é o mais importante de todos. É a busca do autoconhecimento a favor da educação do seu filho. Então, deixa eu te explicar melhor:

Você precisa entender quais são os gatilhos que te levam a ter o comportamento indesejado e que te gera culpa na hora de educar seu filho.

Os gatilhos podem ser advindos da história de vida dos pais ou do estado emocional e físico que eles se encontram. O gatilho comportamental relacionado a história de vida dos pais nada mais é do que a bagagem de aprendizados que esses pais tiveram na infância.

Todos nós carregamos influências da nossa criação e a forma que lidamos com nossos filhos pode ser uma programação comportamental aprendida a partir das nossas vivências infantis.

Em razão das fortes influências relacionais, esse modus operandi de se comportar pode interferir de forma positiva ou até mesmo negativa nos momentos que exige de você a iniciativa para lidar com situações conflitantes com a criança. Por exemplo, se seu filho se descontrola e você grita, a pergunta que você tem que se fazer é:

Era assim que meus pais resolviam os conflitos comigo na infância? Eles também gritavam?

Se a sua resposta for sim, existem grandes chances de você estar reproduzindo automaticamente um modelo comportamental aprendido quando criança. Já o estado emocional ou físico que pode também influenciar nos comportamentos parentais de forma negativa, gerando assim a culpa e a sensação de impotência, acontece quando, por exemplo, você perde a paciência e explode quando está preocupado, cansado, ansioso ou triste. O comportamento impulsivo e indesejado vindo dos pais pode vir tão automaticamente que nem mesmo conseguem compreender por que reagiram daquela maneira.

Sabe como fica mais fácil de compreender esse segundo fator? Vou te fazer uma pergunta que vai te ajudar a compreender:

Você já explodiu alguma vez e só depois percebeu que estava descontando seus problemas pessoais no seu filho? Ou seja, percebeu que o problema não estava na ação da criança, mas sim no momento emocional ou físico que você estava vivenciando.

2° PASSO: BUSCAR ALTERNATIVAS

Agora que você já identificou os gatilhos da história de vida e/ou emocionais e físicos, é a hora do segundo passo que consiste em focar em ações positivas que resolvam o problema que deseja. Só quero lembrar que quando buscamos outros caminhos mais assertivos para lidar com as dificuldades na educação, não se está falando em perfeição e que nunca mais vamos errar. A ideia é que tudo que nos incomoda ou que não queremos mais reproduzir na nossa forma de educar seja encarada como um desafio contínuo para que não mais aconteça ou pelo menos aquilo que não queremos seja reproduzido o mínimo possível, como o exemplo do gritar com os filhos, um costume bem recorrente e que muitos pais têm dificuldade de abolir. Para isso, precisamos de estratégias e caminhos alternativos para fazer diferente, mas isso você aprenderá em breve .

3º PASSO: AGIR COM CONSCIÊNCIA

É isso, quando já temos consciência de quais são nossos gatilhos e as saídas que temos para lidar com situações difíceis, agiremos consequentemente com consciência sobre nossas ações.

Os pais saem do piloto automático das ações impulsivas — até então desconhecidas em sua raiz do problema — e passam a ter consciência de como prevenir determinadas ações para que não ocorram e o que podem fazer no lugar dessas atitudes que incomodam. Mas para isso você precisa, claro, de conhecimento e estratégias em mãos. Por isso está lendo este livro, não é mesmo?

Agir com consciência é exercer uma parentalidade responsiva, capaz de realizar mudanças na nossa forma de agir, além de vincular de maneira mais profunda com a criança.

3. PÍLULA DE AFETO: COMO O AMOR PODE FAVORECER AO BOM DESENVOLVIMENTO FÍSICO E MENTAL DOS NOSSOS FILHOS

Não tem como abordar sobre educação sem falar de amor. Todos nós somos seres sociais e precisamos das relações humanas para vivermos bem.

Quando um bebê vem ao mundo, a primeira figura de amor e segurança é a mãe. Nos primeiros segundos de vida até os três meses acontece uma relação simbiótica da mãe-bebê que não sabe quem ele é e nem mesmo quem é o outro, são dois em um só.

Mesmo sabendo que nem todos os pais são afetuosos ou amam seus filhos, Jean Piaget (1975), psicólogo suíço que fez inúmeras contribuições teóricas e científicas no campo do desenvolvimento infantil e educação, afirmava que o afeto materno, quando nasce, é o puro sentimento de amor e adoração que uma mãe transmite ao filho do momento da gestação para toda a vida.

Piaget (1975) também dizia que a afetividade é indispensável para o desenvolvimento de pessoas felizes, seguras e que saibam se relacionar de forma saudável, sendo por sua vez um fator primordial para o desenvolvimento global do sujeito.

Inclusive, teremos mais Piaget no capítulo cinco, quando falarei sobre as fases do desenvolvimento infantil.

A FALTA DE AFETO E SEUS IMPACTOS

Na década de 1960, o governo romeno, exercido de forma autoritária pelo Nicolae Ceausescu, criou uma política de natalidade no país em que o objetivo era, ao longo de 44 anos, aumentar em 6 milhões o número de habitantes da Romênia.

Então, para alcançar a meta de natalidade, o Estado romeno implementou uma política audaciosa em que mulheres em idade reprodutiva passaram a ser proibidas de usarem métodos contraceptivos e o aborto em qualquer situação era considerado crime. Mulheres que não engravidavam eram mutiladas.

O modelo político perverso logo manifestou seus resultados. O número de nascimentos cresceu significativamente entre 1966 e 1967, o aumento foi de 2 milhões. A mortalidade infantil também teve seu aumento para 83 mortes a cada mil nascimentos.

Porém, em razão das dificuldades socioeconômicas das famílias romenas, aconteceu o que já era previsto, o número de abandono de bebês e crianças aumentou proporcionalmente ao aumento de nascimentos.

O governo, para tentar contornar a situação caótica de

bebês e crianças abandonadas, criou abrigos para acolhê-las. Só que, o "acolhimento" não acontecia nesses ambientes. Os funcionários dos abrigos eram proibidos de manifestar qualquer afeto pelas crianças, mesmo para com os recém-nascidos. As crianças abrigadas deveriam chorar até entenderem que não receberiam atenção.

Charles Nelson, pediatra americano, fez uma interessante pesquisa com essas crianças abrigadas durante esse período. Ele mapeou o impacto causado pela falta de afeto em seu desenvolvimento. A pesquisa demonstrou que a falta de atenção, afeto e acolhimento na primeira infância ocasionou problemas no aspecto cognitivo, prejuízos no desenvolvimento cerebral, linguagem e baixa atividade neural.

Um outro artigo publicado em 2008 pelo psiquiatra americano Bruce Perry, pesquisador sênior da Academia de Trauma da Criança em Houston, também analisou como a negligência interfere no desenvolvimento do cérebro infantil. Perry demonstrou através de exames de imagens cérebros de crianças de três anos, sendo o cérebro de um deles visivelmente maior que o outro. A atrofia no córtex era de uma criança negligenciada pelos pais e o cérebro mais desenvolvido era de uma criança criada em um lar com afeto.

O problema do baixo desenvolvimento cortical é o impacto no desenvolvimento, como: problemas de aprendizagem, problemas relacionais, dependências, adultos inseguros e antissociais.

Seres humanos buscam a todo momento a formação de vínculos para obter conforto e segurança.

Está mais do que claro que uma criança acolhida em um lar de funcionamento saudável estará apta a transferir os modelos recebidos em suas relações sociais, favorecerá a construção de relacionamentos mais profundos e menos conflituosos, irá desenvolver maior capacidade de resolução de conflitos, tornando-se mais empático e resiliente.

Mas claro, quando se diz que devemos considerar de extrema importância o contexto educacional e de afeto com a criança, a responsabilidade de seus cuidadores independente de gênero dos seus pais ou de sua configuração familiar, o que uma criança precisa é se sentir importante, amada e acolhida.

"A prova de sucesso da nossa ação educativa é a felicidade da criança."

Maria Montessori

PARTE IV: AS FASES DO DESENVOLVIMENTO INFANTIL

Quando compreendemos a infância e suas fases, podemos nos surpreender das maravilhas que podemos encontrar ao longo do caminho.

Educar não é nem de longe uma tarefa fácil, mas a partir do momento que olhamos com mais consciência para as limitações e potencialidades da criança em seu desenvolvimento, conseguimos dar os estímulos adequados e contornamos as situações desafiadoras de forma mais leve.

Não existe fase boa ou ruim, como muitos acham, principalmente quando, por exemplo, rotulam os dois anos como o período mais difícil da infância. Essa percepção de que a idade dos dois anos é mais complicada está relacionada com o fato de desconhecerem o que há por trás dos comportamentos das crianças.

Em contrapartida, existe um período que de fato é o mais desafiador, e não é pela criança, mas sim pela mãe. E eu vou te contar qual é:

A fase dos primeiros meses do bebê.

Os primeiros meses são normalmente os mais difíceis para muitos pais, principalmente para as mães que estão passando pelo puerpério e dores do pós-parto.

Inclusive, minha experiência nessa fase não foi das mais agradáveis e acredito que talvez a sua também pode ter sido igualmente difícil. Tive muita dor após a cesárea, minha amamentação não foi tão bem sucedida assim e passei por muita privação de sono.

Nessa fase mãe-bebê, normalmente sentem uma solitude arrebatadora, mesmo não estando sozinha muitas vezes. E não importa o tanto que você saiba, sua formação, suas especializações, simplesmente naquele momento você é uma mãe se doando ao filho.

Todos os dias pairava a dúvida na minha cabeça: "Será que vou sobreviver a tudo isso?".

Nesse período eu esqueci completamente quem eu era, tudo que estudei durante anos e até mesmo tudo que eu já tinha escutado de outras mães em minhas consultas. Esse é o pontapé da culpa materna! O carma que 99% das mães carregam ou sentem em algum momento da vida.

Mas claro, não posso deixar de frisar que a experiência de tornar-se mãe é dialeticamente individual e coletiva para cada mulher.

Cada mãe, seja biológica ou adotiva, vivencia a maternidade de forma única a partir da sua história de vida, criação e percepções subjetivas da sua própria personalidade e jeito de ser. Ao mesmo tempo, é curioso pensar que se torna coletiva quando observamos vários pontos em comum nos desafios da maternidade em razão das influências culturais, contexto histórico, econômico e social.

Contudo, vamos ao que interessa, que é viajar por cada fase da infância e compreender melhor alguns comportamentos infantis. Bora lá?

1. PRIMEIRA FASE DO DESENVOLVIMENTO INFANTIL (0 - 2 ANOS)

Vamos começar pelo início de tudo, o nascimento do bebê, onde a primeira fase do desenvolvimento infantil acontece, um período de grandes descobertas e desafios para os pais e para criança.

É o período em que o bebê passa por um processo adaptativo básico de tentar compreender o mundo que o cerca. Até os três meses, os bebês necessitam de muita atenção e colo. A comunicação ainda é bem primitiva e limitada, o choro é a sua ferramenta mais potente.

Nesse período, eles também não conseguem se perceber como um indivíduo à parte, mas sim uma extensão da mãe ou do seu cuidador principal. E isso tem uma razão de acontecer. Vou te explicar melhor para você entender.

Ao longo da evolução humana, durante milhares de anos, os homo sapiens desenvolveram de forma mais complexa sua inteligência, mas para essa mudança fisiológica, houve também uma mudança estrutural do cérebro; ou seja, ele cresceu. Ocorre que os homo sapiens também, ao se tornarem bípedes, provocaram o estreitamento da pélvis, impossibilitando assim a gestação que antes era por 12 meses e alterando para 9. Caso contrário, se permanecesse ainda por 12 meses, dificultaria a passagem do bebê na hora do parto. Por isso o termo exterogestação é referida aos 3 primeiros meses do nascimento do bebê e significa "gestação fora do útero materno", completando os 12 meses necessários para a melhor formação do bebê.

Isso implica dizer que os bebês nascem "prematuros"; afinal, não deveriam ser nove meses de gestação, mas sim doze.

A teoria da exterogestação foi criada pelo inglês Ashley Montagu e até hoje suas contribuições sobre os 100 dias do bebê têm ajudado a compreender as necessidades e comportamento infantil durante esta fase delicada e de muita vulnerabilidade do neném.

Então, o bebê vem ao mundo completamente imaturo, com seu sistema nervoso central pouco desenvolvido para dar conta de tantos estímulos externos.

Neste início de vida, o bebê não tem controle de sua musculatura corporal e sua visão é a menos desenvolvida. As imagens são embaçadas porque ainda estão formando conexões do nervo óptico, a retina e o cérebro. Seu olhar é atraído por objetos em movimento e de cores que provoquem contrastantes, como por exemplo o preto e branco.

O desenvolvimento neuropsicomotor do bebê se dá no sentido craniocaudal, portanto, em primeiro lugar a criança firma a cabeça para posteriormente fortalecer o tronco e depois os membros inferiores. A coluna ao longo dos meses vai ficando mais ereta e é esperado que no final do terceiro mês, o bebê consiga esticar os bracinhos, erga a cabeça e movimente bem para procurar objetos.

Depois dos três meses, ao longo do tempo, vamos observando marcos mais significativos no desenvolvimento do bebê, principalmente no âmbito cognitivo e social.

Principalmente, até em média os seis meses, ocorre o "sorriso social", que nada mais é do que aquela fase fofa que é tão esperada pelos pais, o sorriso banguelo que derrete inevitavelmente qualquer um que veja.

Aos poucos, começa a emitir sons, balbuciar, até o desenvolvimento da linguagem mais complexa, onde o bebê, de forma intencional, já nomeia objetos e pessoas, isso acontece em média até um ano.

Entre seis e nove meses, o bebê fortalece melhor a relação com o cuidador e pode acontecer a fase do medo de estranhos, em que a criança não vai para o colo de outras pessoas que não façam parte do seu convívio.

Aos nove meses, em média, é bem comum surgir a primeira angústia de separação dos pais ou dos seus principais cuidadores. O bebê chora ao perder de vista seus pais e passam a ter medo de serem deixadas.

E quando começam as birras? Você deve estar curioso ou curiosa para saber.

A resposta é: depende!

Depende do que você considera birra. E por que é relativo?

Só o fato da criança chorar não significa que ela esteja fazendo birra. Ela pode estar tentando comunicar uma necessidade fisiológica de fome, sono, cansaço, sede e por aí vai. Ela pode também estar buscando uma necessidade emocional, como a atenção dos pais ou segurança em razão do medo, por exemplo.

A birra está mais relacionada às vontades da criança quando não são atendidas, por isso ela protesta para que sejam acatadas, e isso acontece quando ela começa a perceber que é um sujeito individual, com seus desejos e vontades, que ela pode se negar, que pode fazer diferente dos pais ou outras pessoas que a rodeiam, que ela pode ser ela e fazer escolhas.

Então, por volta dos onze meses o bebê adquire a noção de deslocamento dos objetos através de suas ações intencionais, adquirindo uma noção de causalidade sobre seus movimentos e intenções, mas vale frisar que ainda é bastante limitada. Por exemplo, pegar um brinquedo para bater, empilhar, guardar, a criança age com intenção e mais consciência de suas ações e vontades.

Por conta desse ganho no desenvolvimento, muitos bebês já começam a apresentar alguns descontroles emocionais em razão de suas vontades que não são atendidas ou quando não conseguem realizar alguma ação intencional.

A linguagem, apesar de estar se desenvolvendo e se tornando cada vez mais complexa, tem como o choro a sua principal ferramenta de comunicação. Mas não só o choro aparece nesse período, o bater, morder, o se machucar intencionalmente ou jogar objetos também aparecem. E como vocês já sabem, isso acontece porque seu cérebro ainda é bastante imaturo e possui pouca habilidade de gerenciamento emocional.

Nessa fase do desenvolvimento, onde a criança já começa a apresentar de forma mais intensa suas insatisfações, é quando os pais caem mais na tentação de punir, bater e gritar com a criança para tentar contornar a situação e ensinar o que é certo. Mas vocês já estão cansados de saber que não é por esse caminho que conseguiremos educar crianças para a vida.

O bebê também necessita explorar o ambiente e descobrir tudo que acontece ao seu redor, então costumam experimentar o mundo através das mãos e boca, período bastante sensorial e que requer de nós atenção redobrada. Os pais precisam adaptar o ambiente para diminuir os riscos de acidentes domésticos. O egocentrismo é bem marcante nessa fase, e muitos confundem com "egoísmo".

Essa característica do egocentrismo comum em crianças pequenas, consiste na dificuldade de se colocar no lugar do outro. Por isso, muitas vezes terão mais resistência de compartilhar objetos, de perder nas brincadeiras, como também de compreender as emoções, pensamentos e pontos de vista de outras pessoas. E sobre esse aspecto, tenho duas notícias para te dar, uma boa e outra ruim.

A má notícia é que não adianta criar muitas expectativas, esse comportamento egocêntrico ainda perdura mesmo depois dos dois anos, pasmem. E a boa é que mesmo perdurando, ao longo dos anos o egocentrismo vai perdendo sua força.

No finalzinho dessa fase, entre um ano e meio e dois anos, surge a brincadeira simbólica do bebê. Ele já entende as demonstrações de afeto dos adultos como, o beijo, carinho e abraço, compreende também cumprimentos sociais de dar tchau, por exemplo, e também para que servem os objetos que fazem parte do seu dia a dia. Por exemplo, entende a função da colher, escova de dentes, pente de cabelo, entre outros.

Então, os pais vão ver o bebê colocando a boneca no carrinho para passear, penteando o ursinho de pelúcia, imitando os sons dos animais e os comportamentos dos adultos. Esse é um outro ponto de atenção dos pais, pois agora seu lindo bebê está a todo vapor te observando e reproduzindo seu comportamento.

2. SEGUNDA FASE DO DESENVOLVIMENTO INFANTIL (2 - 6 ANOS)

Na segunda fase do desenvolvimento, seu bebê está se tornando uma criança e já ganhou várias habilidades motoras, de linguagem e cognitivas. Mas tem um detalhe, ele ainda carrega muitas significações do período anterior, como por exemplo, o egocentrismo, como já falei, os comportamentos disruptivos de bater, chorar e jogar objetos ainda podem surgir. O comportamento de autoagressão e de colocar objetos na boca começam a diminuir, mas ainda exige atenção e cuidados dos pais.

A tendência é que a criança ao ser ensinada pelos pais a lidar com suas emoções de forma assertiva, ao longo do tempo, substitua os comportamentos de bater e jogar objetos pela verbalização de seus sentimentos, pois a linguagem também vai ficando cada vez mais complexa e o vocabulário mais rico.

A fantasia da criança está veemente, ela cria, conta histórias, acredita em personagens fictícios e pode acontecer de confundir fantasia com a realidade, e por isso podem começar a apresentar medo de escuro, de personagens e histórias. É o momento que vemos muitas crianças com medo de bruxas, Papai Noel, lobo mal e monstros.

Um outro comportamento muito comum nessa idade, principalmente nos menores de 4 anos, é o animismo, que é quando a criança atribui características humanas a objetos, animais e plantas. Por exemplo, quando estão com raiva, o brinquedo é feio ou chato.

A criança nessa fase é muito literal, isso acontece em função do seu pensamento representativo, então se você der uma nota de dez reais para ela e der duas notas de cinco reais para uma outra pessoa ela vai achar que a outra pessoa ganhou mais que ela da mesma forma se eu pegar um copo largo colocar um suco e em outro copo comprido a mesma quantidade de suco, ela vai achar que a outra pessoa está com mais suco do que ela. É muito difícil de compreender o abstrato.

Com relação ao tempo é semelhante. Se você disser para uma criança nesse período que daqui meia hora ela vai brincar na praça, é bem possível dela não compreender esse tempo e perguntar com frequência se já está na hora. E o que normalmente acontece? Birra da criança. Afinal, ela não compreende ainda esse conceito de forma concreta.

A categorização de objetos e animais ainda é bastante limitada, muitos ainda podem confundir grupos de animais, objetos, alimentos e vegetais. Acredito que você já tenha visto um bebê de um ano e meio chamando o cavalo de "au-au". Essa é a confusão que crianças menores fazem, mas que aos poucos, com estímulos direcionados, vai se desenvolvendo.

Sabe uma coisa engraçada nessa fase, principalmente os menores de três anos?

Quando eles tentam encaixar objetos que são incompatíveis com o tamanho que daria para encaixar. Por exemplo, quando a criança tenta calçar um sapato bem menor que seu pé ou se sentar em uma cadeira muito pequena que não aguentaria seu peso. Chamamos isso de erro de escala.

Isso acontece por conta das falhas de comunicação entre sistemas cerebrais imaturos que se comunicam conjuntamente durante a interação da criança com os objetos e o meio (LIVRO O MUNDO DA CRIANÇA – PAPALIA).

Crianças nessa faixa etária possuem o que chamamos de *raciocínio transdutivo*, isso significa que elas possuem dificuldade de compreender a real causa que levou determinada consequência e que muitas vezes pode causar sofrimento para ela. Um exemplo para ficar mais claro: uma criança bateu no irmão e ele chorou, no dia seguinte o irmão ficou doente, a criança pode fazer relação do bater com o adoecimento do irmão.

Claro que isso é só um exemplo, não significa que vai acontecer, mas sabe algo que acontece com recorrência? Crianças se sentirem culpadas pela separação dos pais em razão de *raciocínio transdutivo*. E falo isso não para gerar culpa nos pais, mas para termos a atenção de comunicar sempre da melhor forma para a criança nessa fase para que isso não gere confusão.

Um fato curioso, principalmente os menores de quatro anos, é que eles vão ter dificuldade de compreender a irreversibilidade de alguns acontecimentos. A morte é um assunto que confunde muito nessa fase do desenvolvimento, algumas crianças podem acreditar no retorno das pessoas que morreram. Mesmo assim, os pais devem explicar com clareza e de forma mais leve possível baseado em suas crenças ou não o que significa morrer.

Você já ouviu falar na teoria da mente? Teoria da mente consiste no pressuposto de que podemos compreender, ou pelo menos ter uma noção, sobre os pensamentos, desejos e intenções de outras pessoas, e isso ajudaria a predizer ou explicar as ações de terceiros e pressupondo suas intenções.

E será que crianças se tornam mais conscientes do funcionamento da mente de outras pessoas? Seu filho esconde suas bolachas recheadas preferidas no fundo do guarda-roupa para ninguém as comer, pois já entende que é improvável alguém procurar por lá.

Já aconteceu algo parecido com isso aí na sua casa?

Essa compreensão sobre os pensamentos de outras pessoas não é algo da noite para o dia ou que tenha um começo, meio e fim de forma rápida. Normalmente, crianças com 3 anos já começam a fazer algumas análises sobre os pensamentos e formas de interpretar de outras pessoas.

Algumas crianças desenvolvem capacidades da teoria da mente mais cedo, já outras um pouco depois, e já sabemos através de estudos que pais que conversam com seus filhos desde cedo, fazem brincadeiras de faz de conta onde crianças desenvolvem papéis e também são estimuladas a pensarem como outros personagens se sentem ou pensam, podem influenciar positivamente para o desenvolvimento da cognição infantil.

Continuando o raciocínio sobre a teoria da mente, mesmo quando as crianças começam a compreender os pensamentos e sentimentos de outras pessoas, ainda é bastante limitada para fazer reflexões mais profundas. Elas enxergam a partir do seu ponto de vista e experiências e de forma simplista. Por exemplo, se o amigo ganhou um carrinho de presente, então na cabeça da criança não teria outra opção a não ser de ter ficado feliz. A capacidade de fazer análises mais complexas começa em torno dos 5 a 7 anos.

Dessa maneira, muitas vezes as crianças utilizam frases que podem magoar muito os pais, como:

"Você é chato(a)!"

"Te odeio!"

"Não te amo mais!"

Isso acontece justamente porque avalia as situações de forma simplista e tem um vocabulário ainda deficitário para expressar suas frustrações.

Então, o conselho que eu dou é: não leve para o pessoal.

3. TERCEIRA FASE DO DESENVOLVIMENTO (7 - 11 ANOS)

Sua criança já está crescendo, muitas mudanças irão surgir, e uma delas é que seu filho já começa a diminuir o egocentrismo, faz análises mais complexas sobre os pensamentos e sentimentos de outras pessoas.
Ocorrem também outras várias mudanças cognitivas, bem como na estrutura do seu cérebro e funcionamento, retendo e processando melhor as informações.

Começam a ter mais interesse em brincadeiras com regras e jogos de desafio. Adquirem um pensamento mais lógico e racional sobre as coisas, tornando-se, assim, mais questionadores. Ou seja, esqueça aquela história de querer que seu filho aceite tudo que você propor, eles vão argumentar muito mais e saberão negociar seus desejos quando não atendidos.

Outro desenvolvimento-chave é que conseguem ter uma noção espacial mais desenvolvida, isto quer dizer que terá mais noção de distância e localização nos ambientes que estiver.

Além disso, nessa fase passam a compreender melhor as categorias de insetos, animais, vegetais e tipos de alimentos, por exemplo, aprofundando as características das classificações. No quesito matemática, muitas crianças de 6/7 anos já conseguem realizar contas simples.

Acredito que quando seu filho era menor, você deve ter passado ou vai passar ainda por alguma vergonha. Crianças menores, no estágio anterior não tem senso de julgamento moral. Uma vez eu, minha irmã e minha afilhada de 4 anos, chamada Beatriz, estávamos brincando no chão da sala, até que certo momento passa o jardineiro pela porta.

O jardineiro já era um senhor que havia perdido alguns dentes, principalmente os da frente. De repente, Beatriz aponta para o jardineiro com seus dedinhos miudinhos e fala em alto e bom tom:

"Olha, mamãe, ele não escovou os dentes e acabou perdendo!"

Seria trágico se não fosse cômico. Ainda bem que o senhor não escutou. Mas tirando a parte que quase morremos de vergonha, quero trazer a informação útil para você. Crianças menores do estágio anterior não possuem *raciocínio moral* bem desenvolvido, fazendo com que não tenham filtro de julgamento.

O *raciocínio moral* só se desenvolve de forma mais satisfatória agora na terceira fase do desenvolvimento, com crianças a partir dos 7 anos, tornando-se capazes de compreender normas sociais, a relativização de algumas respostas de certo e errado que dependem do ponto de vista ou das circunstâncias.

A exemplo, se eu perguntar para uma criança se é certo dizer que gostou do presente sem ter gostado, ela vai me responder que não é correto, que não podemos mentir. Ela ainda tem o pensamento literal e rígido sobre as coisas.

Agora se eu faço essa mesma pergunta para uma criança maior, provavelmente ela pode responder "depende". Pode justificar dizendo que seria grosseiro falar que não gostou do presente, pode argumentar que nem toda mentira é ruim. A criança maior conseguirá refletir por vários ângulos uma possível resposta.

Com o amadurecimento neurobiológico, crianças nessa faixa etária conseguem se concentrar por mais tempo, afastando-se de distrações, diferentemente de crianças do estágio anterior, e chamamos essa capacidade de atenção seletiva. Isto significa que é esperado que consigam se manter por mais tempo nas atividades de forma concentrada, não ficarão mudando de brincadeira ou brinquedo todo tempo e conseguirão se manter por mais tempo sentados na cadeira.

As figuras de linguagem e metáforas não são mais problema nessa fase, eles já compreenderão os significados e terão menos risco de internalizar palavras ou frases de forma literal.

Os medos nesse estágio do desenvolvimento se tornam mais compatíveis com a realidade e deixa um pouco de lado os medos imaginários de monstros e bruxas. Os mais comuns são os medos relacionados ao grupo social em que vive. Por exemplo, o receio de não serem aceitos na turma ou o que vão pensar sobre eles. Medo de perderem os pais, sofrerem algum acidente ou serem assaltados.

As emoções são desencadeadas por pensamentos mais

racionais, igualando-se aos poucos com as emoções dos adultos.

Em média, aos 9 anos as crianças normalmente têm os amigos como muito importantes para eles, e a pressão do grupo tem um peso significativo para ela. Geralmente nessa época é que surgem os comportamentos de inclusão e exclusão nos grupos entre crianças, e se torna mais frequente o bullying entre os grupos. O bullying pode surgir antes, claro, mas nessa fase é bem evidente nos ambientes, principalmente escolares.

Faz-se importante os pais estarem sempre atentos às queixas que seus filhos possam levar para casa, e a aproximação com uma boa comunicação entre pais e filhos podem ser divisores de água.

Próximo à pré-adolescência de 11 anos, a criança já tem um maior senso de justiça e consegue fazer reflexões mais complexas sobre temas sociais e maior noção do certo e errado.

Quando falo que eles conseguem discernir melhor o "certo" e "errado", não estou falando que eles tenham a mesma maturidade que um adulto, essa construção do pensamento mais crítico e complexo vai se desenvolvendo ao longo do seu crescimento e se torna mais forte ainda na adolescência.

Seus comportamentos e emoções ganham mais controle em razão do córtex pré-frontal estar mais desenvolvido. Eles conseguem ponderar e refletir melhor sobre suas emoções e comportamentos. Isso não significa que não terão descontroles emocionais, certo? Mas nessa idade eles passam a regular-se com mais facilidade, desde que tenham sido ensinados desde cedo.

"A qualidade dos cuidados parentais que uma criança recebe nos seus primeiros anos de vida é de importância vital para sua saúde mental futura."

John Bowlby

PARTE V: EDUCANDO NA PRÁTICA

1. AUTOCONTROLE DOS PAIS

Desenvolver autocontrole e paciência exige treino. Mesmo aqueles pais mais calmos e mais tolerantes, ainda assim, muitas vezes podem se sentir perdidos sobre o que fazer para não explodir.

Se queremos que crianças tenham autocontrole, precisamos então começar por nós. É contraditório exigir algo que não encontramos em nós mesmos e nisso correr o risco de cair na frase popular "faça o que digo, mas não faça o que eu faço".

Concorda que não faz o menor sentido?

Pais que explodem fácil e gritam com frequência vão precisar de muito treino e paciência no processo. Mudanças não surgem da noite para o dia.

Por vivermos em uma época imediatista e querermos os resultados e respostas rápidas para tudo, quando se trata de comportamento e hábitos, sejam de crianças ou dos pais, não acontece tão rápido assim. Exigirá de nós o exercício da parcimônia e consistência das nossas ações.

E te aviso logo que no início você vai errar mais do que irá acertar, mesmo depositando suas energias para acertar mais que errar.

Os resultados virão a médio prazo com a sua determinação.

SINAIS DO CORPO

Nosso corpo é o termômetro que precisamos para saber o nosso verdadeiro limite. Mas isso exige de nós autoconhecimento e atenção aos aos nossos sinais.

Já parou para pensar o que você sente quando está com raiva ou prestes a explodir com a sua criança? Algumas pessoas sentem bolo na garganta, o coração bate mais forte, as mãos podem suar ou tremer. Existem várias sensações que podem indicar o nosso limite.

Mas para que isso é importante?

Isso vai servir para que você entenda que não é o momento para agir. Parar para respirar vai ser a melhor saída, caso contrário, tem grandes chances de você explodir.

ESTRATÉGIAS DE AUTOCONTROLE

Descubra a melhor estratégia que vai funcionar para você nos momentos que você precisa resgatar seu eixo. Apesar de muitas vezes não ser fácil ou quase impossível em algumas situações, busque encontrar saídas que te ajudem a se controlar.

Segue algumas sugestões:

Sair de cena e pedir ajuda para alguém;

Contar até 20;

Inspirar lentamente por quatro segundos, segurar o ar por três segundos e soltar o ar lentamente por 4 segundos até se acalmar;

Beber um copo de água;

Lavar o rosto;

Observar algum objeto do ambiente por alguns minutos.

Repetir mantras mentais, como "eu sou o adulto, meu filho precisa do meu exemplo de autocontrole para aprender a se controlar", "meu filho ainda tem um cérebro pouco desenvolvido, então eu que preciso ajudá-lo" ou qualquer outra frase que te fortaleça no momento desafiador.

AÇÕES DE AUTOCUIDADO

Acredite se quiser, a falta de autocuidado é um enorme gatilho para explosões e, infelizmente, as mães são as mais afetadas.

Vivemos em uma sociedade que ainda sobrecarrega a mulher nas responsabilidades com relação aos filhos e o lar. Muitas mães vivem à beira da exaustão e acabam adoecendo por conta disso. Em contrapartida, as ações de autocuidado, apesar de serem deficitárias para muitas mulheres, elas também são importantes para os homens e pais.

Autocuidado não é só fazer as unhas, sair para jantar ou viajar por aí. Autocuidado é um conceito muito mais amplo que abrange inúmeras atividades prazerosas que podem ser simples e diferentes para cada pessoa.

Se cuidar pode ser tomar um café à tarde, tomar um banho quente e demorado, fazer psicoterapia, realizar atividade física, assistir um filme, dormir ou qualquer ação que para você seja importante, que te descanse ou alivie a tensão do dia a dia.

E se eu puder de te dar um conselho valioso:

Todos os dias execute uma ação de autocuidado, no mínimo.

Não precisamos reservar esses momentos só aos finais de semana, esse é um erro muito recorrente das pessoas. Se cuidar e praticar atividades de lazer devem ser executadas todos os dias, seu corpo e sua mente precisam ser nutridos todos os dias.

Uma mãe ou um pai cansado não conseguirá ter autocontrole e muito menos dar o seu melhor ao seu filho.

2. PARA FAVORECER A COOPERAÇÃO DA CRIANÇA

Obedecer ou cooperar? O que é melhor?

Existe uma grande diferença entre esses dois conceitos, que apesar de muitos acharem parecidos, caminham de maneiras opostas. O obedecer está relacionado em cumprir as regras de forma automática, sem reflexão por parte da criança do porquê ou da importância de realizar a atividade da rotina ou dos combinados. Na cooperação, a criança constrói aos poucos a noção da importância das regras. A criança coopera movida pela consciência da necessidade de colaborar.

Crianças em média até os três anos vão ter pouca noção da importância da cooperação, porém, ao longo do seu desenvolvimento e amadurecimento cerebral, essa compreensão vai ficando mais clara.

Proponho-te uma reflexão simples para você entender a diferença entre obediência para cooperação. Imagine que você está dirigindo e precisa encontrar uma vaga para estacionar, só que você dá voltas e voltas e não encontra. De repente aparece na sua frente uma vaga para idoso, só que você não é idoso.

O que fazer? O certo seria não estacionar, concorda?

É o medo que te impede de estacionar, ser multado e seu carro rebocado ou a empatia pelo próximo?

Percebe a diferença?

Cooperar é não estacionar tendo a consciência de que isso implicaria em prejudicar uma pessoa que precisa da vaga. Obedecer está relacionado ao medo da punição por estacionar. Então, o que queremos, acredito que você queira assim como eu, são filhos que cooperem, que sejam empáticos, justos e respeitosos.

Outra característica comum da obediência é que muitas vezes ela está atrelada ao medo que os filhos têm dos pais, fazendo com que surjam mentiras e comportamentos retaliatórios ou de esquiva.

Crianças, por medo de serem punidas ou duramente criticadas, podem mentir ou negar ter feito determinada ação. Crianças que retaliam aproveitam em outro momento para reproduzir escondido o mesmo comportamento que os pais reprovam ou têm ações piores para se vingarem dos pais.

A esquiva consiste em terceirizar a responsabilidade dos erros por medo de serem julgadas negativamente e duramente criticadas. Então algumas crianças podem justificar o ato de quebrar o brinquedo do amigo porque ele falou algo que a criança não gostou, por exemplo.

O caráter punitivo pode ter efeitos imediatos, não há sombra de dúvidas, mas precisamos lembrar que estamos preparando pessoas para o mundo. Sendo assim, as crianças devem aprender a serem resolutivas, terem boas habilidades socioemocionais para se tornarem saudáveis física e emocionalmente; afinal, saúde física e emocional andam juntas.

ESCOLHAS LIMITADAS

Essa estratégia é da Disciplina Positiva, que consiste em dar opções limitadas para a criança quando ela precisar colaborar com a rotina ou tenha que cumprir com as regras. Exemplos: "Filho, você quer colocar o cinto de segurança sozinho ou quer que a mamãe coloque? Você decide!", "você quer ir ao banho andando ou pulando como um sapinho?", "você quer fazer a tarefa agora ou daqui dez minutos?". Perceba que todas as perguntas levam para um único objetivo.

Quando a criança não escolhe nenhuma das opções na segunda vez que você perguntar, então você escolhe por ela e age.

TÉCNICA DO RAPPORT

Rapport significa "criar relação" e essa estratégia é muito utilizada por nós, psicólogos, para criar vínculo com o paciente no processo terapêutico.

A ideia central é se conectar com a criança, acompanhar e depois conduzir. A exemplo, seu filho está brincando e você fala para ele "filho, vem comer!" ao passo que ele responde "nãooo, não quero agora!".

Então, nesse caso, você pode ir até ele, mostrar interesse na brincadeira ou no que ele está fazendo naquele momento e depois conduzi-lo para o jantar. Você pode brincar com ele um pouco, pode conversar sobre o que ele está fazendo ou assistindo, pode contar alguma história sua sobre seu dia. O importante é que você se mostre disponível e conectada com a criança, para depois pedir algo.

PERGUNTE MAIS DO QUE DÊ ORDENS

Esta é outra estratégia da Disciplina Positiva que convida a criança a pensar no que precisa ser feito ao invés de só receber ordens.

Então, em vez de você solicitar a cooperação de seu filho em tom de ordem, transforme ordens em perguntas. Por exemplo, quando você diz "filha, vá agora escovar os dentes!", você pode substituir por "filha, o que a gente faz para deixar os dentes limpinhos?" ou "o que você precisa fazer antes de dormir?".

FAÇA COMBINADOS ANTECIPADOS

Faça os combinados antecipados com a criança para que ela saiba o que você espera dela em determinada situação.

Não adianta só dizer "quero que você se comporte". Seja específico no que você deseja. Por exemplo:

"Vamos ao shopping e não vamos comprar nenhum brinquedo, ok?"

Para fixar melhor, logo depois pergunte:

"Vamos ver se você escutou sobre nosso trato de hoje. Qual é o nosso combinado mesmo?"

BRINCADEIRA DO CONTRÁRIO

Fale com a criança de maneira contrário do que você quer. Se ela não quiser vestir o pijama, você diz que ela não pode vestir o pijama, que está proibida. Pode brincar de esconder atrás de você para ver se a criança consegue pegar.

PROPONHA DESAFIOS

Crianças adoram desafios e gostam de provar que conseguem, então você pode dizer para o seu filho "será que você consegue vestir esse seu pijama? Huuum, não sei se consegue". Isso vai estimular para que coopere sem tantos desgastes.

PEÇA AJUDA

Seu filho pode ser seu ajudante nos momentos que você precisar da cooperação dele para que tudo flua. Por exemplo, você precisa fazer o mercado com seu filho e quer que ocorra tudo de forma tranquila, então você pode dizer "você pode ser meu ajudante hoje no supermercado. Você sempre é o melhor ajudante de todos".

ESTRATÉGIA DO "ASSIM QUE"

Dá ideia de sequência a partir dos combinados já estabelecidos previamente.

"Assim que você organizar seus brinquedos, nós vamos ao parque."

É uma ferramenta maravilhosa para não usar ameaças do tipo "se você não organizar os brinquedos, não vai brincar no parque". Percebe a diferença?

UTILIZA O LÚDICO

Crie situações brincantes que gerem o interesse da criança cooperar. Por exemplo:

"Vamos agora pegar só as bolas vermelhas!"

"Que tal a gente brincar de lava-jato no seu banho?"

Use também as músicas que relacionem com a atividade ou crie essas músicas com a criança para incentivar a cooperação.

3. PARA ACALMAR A CRIANÇA

Acalmar a criança é um processo que temos que usar estratégias específicas a depender da idade, mas todas exigem de nós paciência, afeto e disponibilidade.

Sabemos que nem sempre é possível acertar, porém você já sabe que o foco não é que você se torne um pai ou uma mãe perfeita, mas que dê o seu melhor de acordo com suas circunstâncias e com as ferramentas que tiver em mãos.

Não custa nada lembrar que quanto menor seu filho for, mais seu cérebro será imaturo e menos autocontrole ele terá. Crianças com seu cérebro imaturo, tendem a expressar suas emoções de forma muito intensa.

Já parou para observar uma criança quando está muito feliz? Ela pula, grita, bate palma, corre, age de forma intensa e vibrante. E quando uma criança está triste ou com raiva, como ela se expressa? Já parou para pensar? Ela também externa através do corpo. Ela grita, bate, arremessa objetos, joga-se no chão, entre vários outros comportamentos.

São extremos que nos mostram que crianças são intensas e isso é normal. Precisamos normalizar a infância.

BEBÊS BEM PEQUENOS DE 0 A 3 MESES

Bebês que estão no processo de exterogestação, precisam de muito contato físico, e isso pode ser bastante cansativo para os pais. Apesar do cansaço, lembre-se que é um período que passa, e seu bebê em breve dependerá cada vez menos do colo de seus cuidadores.

Faz-se interessante nesse período recriar o útero materno. E aqui vão algumas sugestões:

Sling: Deixa o bebê em contato com a pele dos pais e remete ao espaço intrauterino que é apertadinho para o bebê. Isso ajuda a criança a relaxar e se sentir segura.

Ruídos Brancos: São sons que remetem o útero da mãe. Então você pode fazer sons de chiado como: "xiii, xiiii" durante o momento que acalenta o bebê. Vale lembrar, uma dica muito útil é que atualmente temos muitos recursos disponíveis em aplicativos que reproduzem os ruídos brancos, isso facilita bastante.

Ofurô: Trata-se da técnica de dar banho morno relaxante em ofurôs de bebê ou balde e ajudam muito a reproduzir o útero materno.

Balançar: Ninar o bebê calmamente envolvido em seus braços é uma excelente estratégia para acalmá-lo. O ideal é que seja um balanço de movimentos leves no sentido vertical, ou seja, faça movimentos de baixo para cima calmamente, como se estivesse fazendo um curto agachamento.

TÉCNICA DO ABRAÇO

O abraço não deveria nem ser considerado técnica; afinal, muitos adultos gostam e às vezes precisam de um abraço para se sentirem apoiados e ajudados a se acalmar.

O contato físico é extremamente potente, ele pode diminuir os níveis de cortisol no sangue e aumentar a ocitocina (hormônio do amor). O hormônio do amor que é liberado através do contato físico estimula na melhora do humor, inclusive reduzindo a ansiedade, favorece a formação de laços, estreitamento de ligações sentimentais, entre várias outras vantagens. Inclusive, a ocitocina — ou oxitocina — vem ao longo dos anos sendo bastante estudada sobre seus benefícios na produção do leite materno. Ou seja, um benefício mútuo maravilhoso.

Abraçar uma criança quando ela está fora do controle pode ajudá-la a se acalmar. Bebês e crianças menores são as que normalmente mais precisam do abraço como ajuda para autorregulação. Não significa que se seu filho for maior, você não possa abraçá-lo, como eu disse, até adultos podem e devem ser abraçados quando gostam ou precisam. Porém, no decorrer do crescimento do seu filho a tendência é que ele vá substituindo o abraço por outras formas de se acalmar.

Vale lembrar que algumas crianças na hora da raiva não vão aceitar o abraço, e está tudo certo nesse comportamento. Crianças, quando tomadas por suas emoções, não conseguem racionalizar muito e algumas realmente não gostam de contato físico.

Porém isso não significa que você não deva acolher, pode dizer que está ali ao lado dela, no mesmo espaço físico, que se ela precisar de você, estará disponível. Use frases de apoio, por exemplo "eu entendo que esteja chateado, meu amor, estou aqui para ajudá-lo a se acalmar".

Por fim, a mensagem é: não hesite de abraçar seu filho quando ele estiver com raiva ou frustrado. Isso não significa que você esteja aprovando o comportamento, porém sim mostrando para a criança que, mesmo nos piores momentos, você estará com ela, mas que precisa sustentar em algumas situações os combinados e regras entre vocês.

ESPAÇO DE RELAXAMENTO PARA SUBSTITUIR O CANTINHO DO PENSAMENTO

Tem uma frase popular que que diz que "cabeça de outrem é terra que ninguém pisa". Isso quer dizer que não temos controle sobre o pensamento de outras pessoas.

Então como você quer obrigar seu filho a pensar? Qual o controle você tem sobre os pensamentos dele? Além do que, convenhamos, não tem nada pior que alguém mandar você pensar no que você fez, tentando se manter no controle dos seus pensamentos.

Imagine que seu chefe, ao se deparar com um erro que você cometeu no trabalho, mande você ficar sentada por 20 minutos em uma "cadeira do pensamento" para você refletir sobre o que fez e não cometer mais o mesmo erro.

Você realmente iria pensar no erro ou iria ficar com vontade de pedir demissão e sair correndo do trabalho? É absurdo pensar em mandarmos nossos funcionários, maridos, esposas ou amigos a ficarem parados em algum lugar pensando, simplesmente pelo fato de que queremos que a pessoa pense.

Além disso, ao obrigar a criança a pensar sobre o erro, estamos automaticamente fazendo uma relação negativa com o ato de refletir sobre os problemas para pensar em soluções ou mudanças. Não é à toa que encontramos muitas pessoas com dificuldade de lidar com os erros e tirar aprendizados com eles. Outras até mesmo paralisam em seus planos e projetos pelo simples medo de falhar.

Claro, podemos sim convidar a criança à reflexão de suas ações, mas não de forma punitiva ou a colocando em uma posição humilhante ou inferior. Melhor ainda, podemos ensinar as crianças como "esfriar a cabeça" para espontaneamente pensar no que aconteceu, sem precisar obrigá-la.

Então, uma alternativa para o castigo ou ao cantinho do pensamento é criar uma espécie de espaço relaxante junto com a criança. Crianças, até mesmo as pequenas com 2 anos, podem ter local para se acalmar.

Imagine que você também já deve ter passado por alguma situação que estava muito nervoso ou nervosa e precisou se afastar para poder se acalmar e organizar as ideias. Mesmo crianças mais novas podem se beneficiar de uma oportunidade de "esfriar a cabeça", especialmente se você as acompanhar.

Se seu filho estiver muito nervoso e você já sabe que nada do que você falar naquele momento vai ajudar, o convide a primeiro a se acalmar para depois vocês conversarem. Pode dizer "você quer ir para o nosso cantinho especial que ajuda a acalmar?" ou também dar a sugestão de ir com a criança, "quer que eu vá com você?".

Esse canto tem o propósito de ajudar a criança a se sentir melhor para que ela possa fazer seu melhor. Entende? Não queremos fazê-la se sentir pior, como nos casos dos castigos em que a criança se sente ainda pior, consequentemente menos disposta e menos capaz de dar o seu melhor. A ideia do espaço relaxante tem base teórica e filosófica de Disciplina Positiva e pode ser uma saída interessante para não usar o canto do pensamento.

Vale frisar que não se obriga a criança ir para esse espaço, se ela não quiser, tudo bem, você deve deixá-la livre para escolher.

Para montar esse espaço você pode escolher um cantinho do quarto da criança, na varanda, na sala, pode ser em qualquer lugar. Junto com a criança, a depender da idade, pode usar objetos de interesse e que estimulem a criança ir para o espaço. Por exemplo, para crianças menores pode ser massinha, livrinhos, bonecos, caderno de desenho, giz de cera e almofadas.

Crianças maiores, o ideal é que tenham mais cara do seu filho possível, principalmente crianças que já estão na entrando na pré-adolescência. Então, pode ser livros que ele goste, cubo mágico, fonte de água em miniatura, almofadas e por aí vai. Inclusive, você pode montar um espaço único para toda a família.

ENSINAR ESTRATÉGIAS ALTERNATIVAS DE AUTORREGULAÇÃO

Nós não aprendemos a nos acalmar de forma espontânea e instintiva, se fosse assim, nós adultos saberíamos muito bem ter controle 100% sobre nossas emoções.
A criança quando vai crescendo e se desenvolvendo, ela vai aos poucos precisando menos de intervenções diretas dos pais, mas para isso é necessário ensinar formas para ela se acalmar.

Portanto, quero alinhar algumas expectativas com você, meu caro leitor. Como já falei, tudo exige treino e capacidade da sua criança em aprender essas estratégias. Ou seja, você precisa treinar com ela, mas não se iluda achando que o fato de você ensinar seu filho pequeno a se acalmar que em um passe de mágica ele será um mini buda. Primeiro você pode descobrir junto com a criança o que a ajuda se acalmar

Por exemplo, algumas crianças se acalmam respirando fundo, outras se acalmam apertando uma massinha, já outras se acalmam bebendo um copo de água. Você vai ter que ir descobrindo junto com ela o que vai funcionar melhor.

Se ela já tiver em torno dos três anos, você pode inclusive perguntar para a criança o que ajuda ela a se acalmar. Deixe-a pensar um pouquinho e veja o que ela traz como resposta. Se for algo que faça sentido, experimente usar esse caminho nos momentos dos descontroles dela. Se a resposta da criança não tiver pé nem cabeça, isso pode acontecer quando se trata de crianças menores, dê algumas sugestões:

"Filho, você pode vir para o colinho da mamãe ou do papai para se acalmar."

"Você pode respirar fundo algumas vezes."

"Contar até 10 pode ajudar. Vamos tentar?"

"Beber uma água na hora da raiva me ajuda muito, pode ajudar você também. Que tal a gente tentar uma próxima vez?"

E dessa forma vocês encontrarão um caminho assertivo para esses momentos.

RESPIRAÇÃO A ROSA E A VELA

O exercício "a rosa e a vela", além de ter a finalidade de ajudar a criança a focar no presente, trabalha o controle da raiva, ansiedade, percepção corporal e concentração, bem como ensina a criança a respirar corretamente no inspirar e expirar, propiciando mais calma e tranquilidade nos momentos da raiva. Ela pode ser usada com crianças a partir dos dois anos.

Peça para o seu filho imaginar que está cheirando uma rosa bem cheirosa (inspirar) e que em seguida precisa soprar uma vela de aniversário.

A sugestão que dou é comprar uma rosa de plástico ou fazer de papel com seu filho. A vela também pode ser de mentirinha, de papel, plástico, canudo etc. Explore sua criatividade! Repita essa estratégia algumas vezes junto com seu filho e depois pergunte para ele o que achou do exercício, como se sentiu, se percebeu sua respiração e como seu corpo se movimentava durante o cheiro da rosa e assopro da vela.

RAIVA

A ideia principal dessa estratégia é lembrar para crianças a partir dos cinco anos, que as emoções transmitem informações e que devemos no momento que sentimos alguma delas, principalmente a raiva, parar, identificar nossa emoção, acalmar-nos, para então buscar a melhor solução e resolver o problema. Através da analogia do semáforo os pais podem ensinar seus filhos a controlar a emoção, acalmar-se e buscar soluções de forma lúdica.

Vermelho: parar o que estiver fazendo e respirar profundamente;

Amarelo: perguntar-se "o que posso fazer agora?", "como posso resolver esse problema da melhor maneira?";

Verde: colocar em prática a melhor ideia e observar o resultado.

COMO LIDAR COM A AGRESSIVIDADE FÍSICA E AJUDAR A CRIANÇA A SE ACALMAR

Algumas crianças podem apresentar vários níveis de agressividade, já outras, não apresentam agressividade, mas são julgadas como crianças agressivas.

Bebês podem ter comportamentos aparentemente agressivos, mas que não são. Por exemplo, seu filho de dois anos te bate do absoluto nada? Ou a criança te morde e você não sabe exatamente o porquê?

Isso pode acontecer pela necessidade da criança extravasar suas tensões através do corpo. Um bebê ou uma criança pequena pode bater por estar muito feliz ou eufórica, ela pode bater também quando se sente amedrontada, por exemplo. Da mesma forma vale para o morder.

Nesses casos, precisamos primeiro mapear em que situações a criança bate e morde. Depois a ajudaremos a encontrar alternativas para canalizar as tensões de outra forma, como também ensinar o que ela deve fazer nesses momentos.

Por exemplo, seu filho pequeno menor de três anos bateu? Você pode pegar a mãozinha da criança e fazer gesto de carinho, explicando que gostamos de carinho e que as mãozinhas não foram feitas para bater. Perceba que no exemplo utilizei uma linguagem bem simples para que a criança consiga compreender melhor os combinados.

Para crianças acima dos três anos, você pode usar uma linguagem mais direta ao ponto, pode segurar as mãozinhas da criança sem machucar, abaixe-as e diga que não podemos bater nas pessoas, da mesma forma que as pessoas também devem respeitar seu corpinho e não bater.

Mas vamos pensar aqui em outras situações, que eu sei podem surgir. Crianças bastante agressivas, que chutam, saem quebrando os objetos dentro de casa, machucam-se ou você perceba que está passando dos limites. Essas crianças precisam ser contidas com cuidado. Tudo que coloque em risco a criança, ao ambiente ou esteja machucando outras pessoas, você precisa segurar a criança e explicar essa contenção.

Então, segure seu filho com cuidado para não machucá-lo e diga que você está ali com ele para ajudá-lo a se acalmar, pois ele está com tanta raiva que não consegue controlar seu próprio corpo, então você precisa protegê-lo para que ele não se machuque.

Durante esse processo de contenção, atente-se a um detalhe importante. Em situações assim, você precisa mais do que nunca manter a sua calma, se você utilizar um tom de voz duro ou gritar com a criança, deixa de ser contenção e se torna uma luta corporal, e não é isso que queremos.

4. ESTABELECENDO OS LIMITES SEM PUNIR

Eis o grande desafio de muitos pais: como dar limites sem punir?

Vivemos em sociedade, então claro que precisamos compreender os limites que nos norteiam para um bom convívio social. Pessoas, independentemente da idade, precisam de limites. Se alguém me desrespeita verbalmente ou me fere corporalmente, preciso dar os limites necessários. Concorda?

Quando falamos de limites na infância, estamos falando de educar para a vida, para que saibam respeitar outras pessoas e a si mesmo. Porém, muitos confundem limites com fazer a criança obedecer a qualquer custo. E não é bem isso. Limite é o contorno que os pais e cuidadores precisam dar à criança para sua segurança e bom desenvolvimento físico e socioemocional.

COMO ESTABELECER LIMITES NA COMUNICAÇÃO AGRESSIVA DA CRIANÇA

O que seria uma comunicação agressiva na infância?

Depende.

O que pode ser agressivo para mim, pode não ser para você. Mas temos que ter em mente que alguns repertórios da comunicação da criança dizem mais sobre sua imaturidade do que em si agressão de fato.

Quando uma criança diz que você é chata, que não te ama mais ou que não quer mais morar em sua própria casa, na verdade, essa comunicação diz mais sobre sua imaturidade e dificuldade de expressar suas emoções.

Em casos como esses que são bem comuns com crianças menores de sete anos, devemos entender o que há por trás da fala e não a frase interpretada de maneira literal. Na verdade, a criança está querendo dizer que ela está chateada, que ela não gostou do que você fez e que a vontade dela é se afastar um pouco.

Por não saber expressar em palavras o que sente, a criança pequena pode usar termos que os pais ficam profundamente magoados e tomam como uma verdade absoluta. Nesses casos, podemos validar a emoção da criança e mantermos firmes em nossa decisão, se de fato não pudermos flexibilizar.

E como validar?

Você pode dizer para a criança que entende que está chateada, mas que manterá a decisão pelas razões específicas que devem ser explicadas para ela.

Entretanto, e quando de fato a criança xinga, fala de forma grosseira ou debochada?

Esses são os casos que mais tiram os pais do sério. Normalmente, comportamentos assim costumam surgir em torno dos sete anos. Em casos de crianças que apresentam uma linguagem agressiva, é necessário ter em mente que o limite vai começar pelo seu exemplo. Se você devolve para a criança uma comunicação também agressiva, como você dará o exemplo de comportamentos que você espera dele?

Você deve estar pensando: "Nossa, que desafiador!".

E de fato é realmente desafiador. Mas quem disse que educar seria fácil? Algumas sugestões nesses casos para dizer à criança e estabelecer os limites:

"Você pode falar de uma outra forma sem xingar. Tenho certeza que você consegue. Vamos tentar mais uma vez?"

"Quando você grita e me ofende, não conseguirá nada dessa forma. Podemos conversar quando estiver mais calmo."

"Entendo que esteja chateado, mas essa não é a maneira certa de você conseguir o que deseja."

BUSCA DE SOLUÇÕES E FOCO NA REPARAÇÃO

Buscar soluções para resolver os problemas é uma habilidade que parece simples, mas ao mesmo tempo muitos adultos têm dificuldade. Já observou que alguns adultos têm dificuldade de encontrar saídas para os problemas e paralisam diante deles?

Apesar de nem tudo conseguirmos reparar, é importante ensinar às crianças habilidades de resolução de problemas ou reparação dos erros. Por exemplo:

Sujou, então deve limpar;

Quebrou, deve consertar se for algo que seja possível conserto;

Machucou alguém, pedir desculpas, e melhor ainda, acalentar quem foi machucado.

Mas se seu filho não quiser pedir desculpas? Nesse caso, você pedirá no lugar dele e acolherá a criança também como forma de exemplo comportamental. Se a criança não quiser limpar, vale usar a estratégia do "assim que" que já ensinei para você.

ESTIMULAR A CRIANÇA PENSAR EM SOLUÇÕES FUTURAS

Incentivar a criança pensar em como evitar que o mesmo erro aconteça novamente é uma ação bem importante. Isso significa que seu filho não vai repetir o mesmo erro em uma próxima vez? Não. Inclusive quanto menor seu filho for, quanto menor for seu filho mais chances de repetir o mesmo comportamento.

Imagine que seu filho está brincando de tinta na sala e acaba sujando o sofá. Primeiro passo é reparar o erro, que seria limpar. Já o segundo passo é pensar em alternativas para que isso não aconteça novamente.

Antes de dar sugestões, pergunte para criança o que ela pode fazer para evitar que isso aconteça novamente. Dê espaço para a criança pensar e compartilhar com você. Se ela trouxer alguma solução viável, faça o combinado com a criança a partir da ideia que ela teve. Se a ideia da criança não fizer sentido ou não resolver o problema, que é evitar que se repita a sujeira no sofá, então, dê suas sugestões para que possam evitar o mesmo erro em uma próxima vez.

CONSEQUÊNCIAS

Usar consequências é uma opção que pode ser usada, mas sempre em último caso e respeitando a compreensão da criança.

Não adianta aplicar consequência com um bebê ou crianças menores de três anos, elas têm pouquíssima capacidade de compreensão da importância de alguns combinados, como também são fisiologicamente muito imaturas, gerando maior impulsividade.

As consequências devem ser utilizadas quando já se esgotaram todas as opções que já ensinei para você como estratégias até agora. Devemos respeitar três princípios básicos para a consequência não cair em caráter punitivo.

A punição é uma consequência que não tem relação com o fato desencadeador. Por exemplo, seu filho bateu em um amigo no parque, ele ficar sem assistir televisão por conta disso não tem nenhuma ligação direta. Concorda?

Agora, se seu filho bateu em um amigo parque, você investigou o que levou seu filho a bater, o ajudou a encontrar uma solução para aquele problema e mesmo assim o comportamento se repetiu, então vale fazer um combinado antecipado antes da consequência, que é ir embora do parque. Ir embora do parque é a consequência da situação. Perceba que faz total ligação com o fato, diferente de ficar sem televisão.

Fazer o combinado antecipado ajuda a criança compreender que haverá uma consequência caso o acordo entre vocês, que é ele não machucar mais o amigo, aconteça novamente.

Exemplo de um combinado antecipado da consequência: "Meu filho, já conversamos sobre isso, caso aconteça de você bater novamente no seu amigo, nós iremos embora; afinal, você não está conseguindo controlar sua raiva nesse momento. Voltaremos uma próxima vez quando você estiver mais tranquilo".

Evite usar frases do tipo: "Nunca mais voltaremos se você se comportar assim novamente" e "você nunca consegue cumprir com os nossos combinados, então não voltaremos tão cedo".

Primeiro motivo de não usar essas frases é que isso é uma mentira. Você realmente nunca mais irá voltar? Segundo, com essas frases transmitimos para quando utilizamos esse tipo de ameça com a criança, transmitimos a elaque errar será sempre um caminho sem volta. E isso é bem ruim, leva a criança a se acaba desmotivando a tentar fazer o certo com medo de errar.

A médio e longo prazo, gera justamente aquilo que já conversamos por aqui, pessoas que não tentam por medo de errar e pessoas que acham que não são capazes de fazer diferente em uma próxima vez.

5. COMO TRABALHAR A AUTONOMIA DA CRIANÇA

Ensinar seu filho a ter autonomia é uma maneira de desenvolver sua autoconfiança e autoestima. Crianças que são mais autônomas dependem cada vez menos de seus pais nas tarefas diárias da vida e se tornam adultos mais resolutivos e independentes.

Isso não quer dizer que seu filho vai sair por aí fazendo tudo sozinho e o que bem entender! A ideia não é essa. O objetivo é que ele aprenda a desenvolver sua autonomia de acordo com sua maturidade. Aprender a andar é um processo de autonomia, concordam? A criança ao andar começa a ter mais liberdade e independência, devendo, de igual modo, ser incentivada e encorajada a ter autonomia ao longo de todo o processo de aprendizagem.

Da mesma forma, temos que olhar atividades cotidianas como necessárias e importantes de serem estimuladas aos poucos de acordo com a idade, a exemplo de escovar os dentes, comer sozinho, vestir-se, , comunicar-se com outras pessoas sozinha, saber resolver seus problemas, entre outros.

Mas claro, respeitando a maturidade e capacidade da criança de realizar o que precisa ser feito.

ENSINE A CRIANÇA HABILIDADES DE VIDA

Quando ela se deparar com a dificuldade de realizar alguma atividade, como por exemplo amarrar o cadarço, ao invés de dar um sermão e fazer por ela, encoraje-a dizendo "sei que você consegue dar conta disso, vá em frente!".

NÃO ESPERE QUE A CRIANÇA SAIBA FAZER SEM TREINO

Você pode ensinar a criança determinada tarefa pedindo primeiramente que ela observe enquanto você faz. Em seguida, façam juntos para que ela se sinta mais segura no decorrer da atividade. Com o passar dos dias treinando, peça que a criança faça sozinha enquanto está supervisionando. E quando ela já estiver se sentindo preparada, dê estímulos para que faça a tarefa sozinha.

DIVIDA AS TAREFAS EM PEQUENOS PASSOS

Para que seja mais provável que seu filho consiga obter o sucesso, isso o encorajará cada vez mais a tentar em outras situações. A título de exemplo, quando for ensinar a criança a se calçar sozinha, treine primeiro como pôr o sapato.

Quando a criança já estiver conseguindo pôr sozinho, em outro processo treine como dar o nó no cadarço. É bem diferente de você ensinar vários comandos de uma só vez, isso poderá causar insegurança e aumentar a probabilidade de ela desistir.

CONFIE NO SEU FILHO

Vá desapegando aos poucos. Aumente a percepção da criança perguntando:

"Como você se sente fazendo isso?"

"O que você está achando?"

"É fácil ou difícil?"

ENCORAJE SEU FILHO

As experiências possibilitam desenvolver habilidades de resolução de problemas, autonomia e segurança. Então, não demonstre ou fale para seu filho que ele não consegue, dê possibilidades que ele possa se sentir capaz de realizar. Se a criança ainda é muito pequena e quer cozinhar com você, por exemplo, dê a ela algumas atividades de acordo com sua idade: pegar ou quebrar o ovo, derramar ou mexer os ingredientes na tigela. Isso ainda estimulará também outros aspectos do desenvolvimento motor da criança.

RESPEITE CADA FASE DE DESENVOLVIMENTO

Não adianta cobrar que uma criança de três anos tenha a mesma desenvoltura ou facilidade de uma criança de cinco anos. Estimule aos pouquinhos pequenas coisas, o desenvolvimento motor ocorre também dessas pequenas experiências de estímulos diários.

SEJA TOLERANTE

Quando você transmite calma e serenidade durante o ensinamento, a criança se sentirá confiante e não pressionada a fazer de qualquer forma. Além disso, alguns pais fazem algumas tarefas pelos filhos em razão da pressa, por não conseguir esperar seu tempo. Não faça isso, atrapalha a aprendizagem e o processo de autonomia da criança.

“O principal objetivo da educação é criar pessoas capazes de fazer coisas novas e não simplesmente repetir o que outras gerações fizeram.”

Jean Piaget

6. COMO EQUILIBRAR O USO DE RECURSOS TECNOLÓGICOS NA INFÂNCIA

Vivemos na Era Digital na qual já se discute bastante sobre os benefícios, como também os prejuízos, do uso de tecnologias de forma geral. Essa era veio para nos auxiliar, não há como negar, e sou a favor do uso conscientes dos recursos que temos à nossa disposição. Mas preciso falar a verdade, precisamos de mais consciência e equilíbrio no uso de tecnologias, principalmente na infância e adolescência.

Muitos pais não estão conseguindo dosar o uso com seus filhos de forma equilibrada e responsável. Além disso, os excessos e mau uso estão impactando na saúde de muitas crianças, adolescentes e adultos. Vivemos em uma época de bombardeios de informações diariamente, o cyberbullying, o vício tecnológico e principalmente o pouco tempo para brincar e se desenvolver em aspectos socioemocionais, linguagem e habilidades motoras. Alguns resultados de excesso de tela são a obesidade, atrasos de linguagem, ansiedade e problemas para dormir.

Uma pesquisa feita em 2019 alertou para o perigo dos excessos de tela. De acordo com essa pesquisa, crianças que passam mais tempo diante às telas têm uma menor mielinização em seus cérebros, que consiste em uma cama lipoprotéica que protege e envolve as conexões nervosas do nosso cérebro. isso significa que o neurônio quando não é bem mielinizado provoca a transmissão neuronal é mais lenta. Além disso, essas crianças apresentaram menor desenvolvimento na aprendizagem e linguagem.

Precisamos usar a tecnologia a nosso favor e ponderando sempre se o uso está excessivo, principalmente na infância. Então, vamos lá para o que interessa de como seu filho pode fazer uso de forma saudável.

COMECE POR VOCÊ!

Observe como você utiliza os equipamentos tecnológicos, se passa horas nas redes sociais e esquece do mundo. Se o uso da televisão, tablet e notebook estão excessivos na sua rotina. Não se esqueça que você é o maior exemplo do seu filho e crianças aprendem muito por repetição.

ESTABELEÇA COMBINADOS

Fazer combinados com a criança é mais eficaz do que determinar regras impostas a qualquer custo. Pois quem é que gosta de receber ordens, não é mesmo? Então, estabeleça um acordo com a criança de quanto tempo poderá usar os eletrônicos e quais os momentos mais adequados. Vale lembrar que a Sociedade Brasileira de Pediatria (SBP), orienta que crianças com menos de dois anos não devem ser expostas às telas. Ah, a respeito dos combinados, é muito importante que este seja justo para todos, ok? Nada de dizer que a criança só pode passar duas horas por dia em eletrônicos, mas você passa o dia todo pendurado(a) no celular. Caso você necessite utilizar os aparelhos eletrônicos com mais frequência em razão do trabalho, por exemplo, explique ao seu filho com antecedência nesses casos, para ele não pensar que os combinados não têm valor.

FAÇA UMA LISTA DE ATIVIDADES

Você pode fazer uma lista tanto para você quanto para o seu filho (junto com ele), de atividades que possam fazer juntos ou sozinhos, quando não estiverem nos momentos de uso dos eletrônicos. Por exemplo: ler um livro, brincar com algum jogo, desenhar, criar algo divertido, escutar música, ir para o play ou uma praça brincar etc. Muitas crianças não largam os aparelhos eletrônicos por falta de alternativas, ou melhor, dificuldade de encontrar alternativas nos momentos longe das telas. Ajude seu filho a encontrar maneiras de ocupar o tempo, busque algumas para você também. Através do brincar, os pais estabelecem relação profunda com a criança. Leve a sério a brincadeira, não tenha medo de parecer bobo, tente deixar rolar. Um tempo brincando com a criança de igual para igual é muito mais valioso que qualquer brinquedo que possa comprar. Não vale dizer que tem que ocupar o tempo só estudando, é uma disputa muito injusta para a grande maioria das crianças entre internet e estudar.

REFEIÇÕES VERSUS TELAS

Combine com todas as pessoas de casa que as refeições são momentos de troca e conversa. Podemos nesse momento contar histórias e aproveitar a comida. Já existem estudos que comprovam os malefícios do excesso tecnológico durante as refeições, podendo desenvolver transtornos alimentares e obesidade na infância ou a longo prazo na fase adulta. Isso ocorre em razão das crianças estarem cada vez mais sedentárias, ansiosas e principalmente a combinação perigosa de eletrônicos e comida. A criança, ao se alimentar, fica tão vidrada nas telas que seu cérebro não foca a atenção no alimento, no sabor, na textura, na quantidade, vira algo "automático", ou seja, eu abro a boca, a comida entra, eu mastigo e engulo, e é um efeito muito negativo para a criança.

PACIÊNCIA E EQUILÍBRIO

Não adianta radicalizar, proibir o uso na semana e só usar fim de semana, por exemplo. Sabe aquela sensação de fazer regime durante semana e quando chega fim de semana acaba comendo enlouquecidamente? Pois é do mesmo jeito nesse caso. Quanto mais proibitiva determinada coisa for para a criança, mais ela achará aquilo algo mais interessante desse mundo. Se inserir tecnologia na dose certa e equilíbrio no dia a dia de seu filho, quando chegar o fim de semana, será mais um dia de equilíbrio como os outros, não irão com tanta sede ao pote. Vale salientar que quando abolimos e transformamos a tecnologia como um monstro, estaremos lutando contra algo que já faz e provavelmente sempre fará parte de nossas vidas, só precisamos gerenciar o uso com sabedoria.

CONSISTÊNCIA NAS AÇÕES PARA CONSTRUÇÃO DE HÁBITOS

Insira bons hábitos com seu filho, ele sentirá menos falta de estar na frente do tablet ou celular, e o aparelho não se tornará a opção mais legal do dia dele. Por exemplo, o hábito da leitura. Quanto mais cedo é incentivado o hábito de ler, mais fácil para criança quando ela crescer continuar no mesmo movimento. Reforce os momentos que seu filho está longe do tablet ou celular com coisas interessantes, amor, carinho e afeto. Associar os momentos sem celular e tablete com carinho, aproxima os pais e ajuda a reduzir a "dependência" tecnológica.

7. COMO AJUDAR A CRIANÇA LIDAR COM O MEDO

Como quase tudo na vida, o medo também tem seu lado bom. É ele que nos impede de agirmos impulsivamente e é o responsável por analisar as consequências dos nossos atos, sendo, assim, um forte aliado da nossa integridade física e moral.

Portanto, o medo em excesso pode causar sintomas como tremores, choro, dor de cabeça, dor na barriga e sudorese. Quando esses sintomas se manifestam de forma recorrente e intensa, é muito importante um acompanhamento de um psicólogo.

Os medos variam conforme a fase de desenvolvimento da criança. Vamos recapitular alguns exemplos mais comuns:

Antes dos dois anos os medos mais comuns são de pessoas estranhas, medo de se afastar dos pais fisicamente achando que vão desaparecer, movimentos corporais bruscos e ficar sozinho;

Em torno de 2 a 6 anos é comum surgirem os medos de escuro, de animais, de pessoas fantasiadas, monstros, fantasmas, medo de dormir sozinho, trovões, fogos de artifício e de se machucar.

Já em média dos 7 em diante anos os medos vão se configurando em aspectos mais concretos e com mais foco relacional da cotidiana, como a preocupação com a escola (prova, trabalho, cobranças), preocupação com amizades (conflitos, aceitação), medo da morte de entes queridos e de acidentes.

ENTÃO COMO PODEMOS AJUDAR NOSSOS FILHOS A LIDAREM DE FORMA SAUDÁVEL COM O MEDO?

Antes de compartilhar algumas sugestões, é importante deixar claro que não devemos deixar a criança sozinha ou a obrigarr a lidar com a emoção sozinha. Crianças precisam se sentir protegidas e amparadas, caso contrário, podem internalizar crenças de desamor e abandono,

Afinal, se as pessoas mais importantes para ela não passam segurança, com quem mais ela poderá contar? Por isso a importância de sempre acolher a criança quantas vezes for preciso.

SEJA EMPÁTICO E AJUDE NA RACIONALIZAÇÃO DO MEDO

Não ria ou menospreze o medo da criança. Fazer isso pode diminuir a confiança do seu filho em relação a você. Estimule a racionalização dos pensamentos que podem ocasionar o medo na criança. A título de exemplo, se ele tem medo do escuro ou da noite, ensine-o que no silêncio escutamos alguns barulhos: o barulho do vento, o tic-tac do relógio, o ranger de alguma porta. Isso desmistificará a fantasia com relação aos barulhos que lhe amedrontam à noite.

USE O HUMOR A FAVOR DA CRIANÇA

Reduza o medo do seu filho contando uma história engraçada sobre o medo específico que ela está sentindo no momento. Por exemplo, se a criança estiver com medo de um monstro, peça para que ela imagine esse monstro com um óculos engraçado, nariz de palhaço ou soltando um pum. Pergunte em seguida se ela ainda está sentindo o mesmo medo de antes. Provavelmente a emoção já não terá a mesma força.

EXPOSIÇÃO COM RESPEITO À CRIANÇA

Exponha seu filho gradualmente ao medo que ele apresenta, explicando como enfrentá-lo, mas sem forçar, certo? Por exemplo: se ele tem medo de cachorro, você pode orientá-lo a perguntar ao dono se o animal é bravo, depois você mesmo pode pegar no animal para demonstrar confiança à criança de que o cachorro é dócil e não há perigo. Em seguida, chame seu filho para fazer carinho no cachorro com você ao lado.

HISTÓRIAS DE SUPERAÇÃO

Crie com a criança uma história em que ela supera o medo ou conte alguma história sua de como você enfrentou algum medo seu. Além disso, você pode ler histórias infantis que enalteçam personagens que enfrentaram e venceram seus medos. Existem livros muito bons e didáticos relacionados especificamente a esse tema.

CRIE COM A CRIANÇA UM AMBIENTE SEGURO

Pergunte para a criança o que a ajudaria a se sentir segura. Caso a criança não dê opções, você pode dar algumas possibilidades, como deixar a luz de um abajur acesa, dormir com um urso, boneca ou super-herói protetor.

Agora te pergunto? Depois de tudo que compartilhei aqui com você, está mais seguro na educação do seu filho?

Espero que sim!

Apesar de não existir nenhuma fórmula mágica para educar nossos filhos, o conhecimento que nós temos até hoje graças a ciência, nos possibilita mais segurança nessa condução.

Tenha em mente também que antes de se cobrar perfeição, foque no processo e nos seus avanços diariamente. Não encontraremos mães e pais exercendo o papel de educar sem erros no meio do caminho.

E por fim, acima de tudo, não podemos esquecer que o elemento-chave para educar nossos filhos é o amor. Ele precisa estar sempre acima de tudo ou qualquer técnica que você aprendeu até aqui.

ATÉ A PRÓXIMA!

REFERÊNCIAS BIBLIOGRÁFICAS

Almeida RS. A prática da automutilação na adolescência: o olhar da psicologia escolar/ educacional. Ciências Humanas e Sociais. Alagoas: v.4. n.3 p. 147-160. Maio 2018. periodicos. set.edu.br

Amso, D.& Casey B.J (2006) Beyoung what develops whey: Neuroimaging may inform how cognition changes with development. Current Directions um Psychological Science, 15, 24-29.

BECK, Judith S. Terapia Cognitivo-Comportamental: Teoria e prática. 2ª ed. Porto Alegre: Artmed. 2014.

BEE, HELEN. A criança em desenvolvimento/Helen Bee, trad., Maria Adriana Veríssimo Veronese. 9ª ed. Porto Alegre: Artmed, 2003.

Friedmann MS, McDermut WH, Solomon DA, Ryan CE, Keitner GI, Miller IW. Family functioning and mental illness: a comparasion of psychiatric and nonclinical families. Fam Process. 1997; 36(4): 357-367.

GOLEMAN, Daniel. Inteligência Emocional: a teoria revolucionária que define o que é ser inteligente - Rio de Janeiro: Objetiva, 2005.

https://divisionsbc.ca/sites/default/files/Divisions/Nanaimo/Perry_Psychopathology_Chapter_08_child-maltreatment.pdf

https://journals.sagepub.com/doi/full/10.1177/0956797610370161

https://srcd.onlinelibrary.wiley.com/doi/abs/10.1111/j.1467-8624.2011.01732.x

https://pebmed.com.br/associacao-entre-tempo-de-tela-e-depressao-na-adolescencia/?utm_source=artigoportal&utm_medium=copytext

https://pubmed.ncbi.nlm.nih.gov/27055181/

http://www.codajic.org/sites/default/files/sites/www.codajic.org/files/46.1%20Autoles%C3%A3o%20na%20adolesc%C3%AAncia%20como%20avaliar%20e%20tratar.pdf

https://www.ncbi.nlm.nih.gov/pmc/articles/PMC1783123/

https://www.ncbi.nlm.nih.gov/pmc/articles/PMC3051180/

Hutton, John S.; Dudley, Jonathon & Horowitz-Jraus, Tzipi. "Associations Between Screen-Based Media Use and Brain White Matter Integrity in Preeschool-Aged Children". JAMA

Pediatrics, 4 de novembro de 2019

LEAHY, Robert L. Técnicas de Terapia Cognitiva: Manual do terapeuta. 2ª ed. Porto Alegre: Artmed, 2019.

NELSEN, Jane. Disciplina Positiva. 4ª ed. São Paulo: Cultrix, 2007.

NELSEN, Jane. Disciplina Positiva: O Guia Clássico para Pais e Professores. 3ª ed. Barueri. São Paulo. 2016.

PAPALIA, D. E.; OLDS, S. W.; FELDMAN, R. D. Desenvolvimento humano. Porto Alegre: Artmed, 2009.

PIAGET, J. A equilibração das estruturas cognitivas. Rio de Janeiro: Zahar, 1975.

PIAGET, Jean. A Formação do Símbolo na Criança. Rio de Janeiro: LTC, 1990.

PIAGET, Jean. A Gênese do Número na Criança. Rio de Janeiro: Zahar, 1975c.

PIAGET, Jean. A Linguagem e o Pensamento da Criança. 7ª edição. São Paulo: Martins Fontes, 1999.

PIAGET, J. A representação do mundo na criança. Rio de Janeiro, RJ: Record, s.d.

PIAGET, Jean. O Juízo Moral na Criança. 4ª edição. São Paulo: Summus, 1994.

ROSENBERG, Marshall B. Comunicação não-violenta: Técnicas para aprimorar relacionamentos pessoais e profissionais. São Paulo: Ágora, 2006.

Sampaio, D., Oliveira, A., Vinagre, M., Pereira, M., Santos, N., Ordaz, O. (2000). Representações Sociais do Suicídio em Estudantes do Ensino Secundário: as Explicações dos Jovens. Análise Psicológica. 2 (XVIII),139-155.